Bergwandern im Chiemgau

Alles was das Herz begehrt

In den Bergen des Chiemgaus finden wir alles, was wir als gestreßte Menschen brauchen. Ruhe und Entspannung, nach der wir uns in erster Linie sehnen, und eine idyllische Landschaft: Saftige Blumenwiesen, Geläute des Almviehs, bunte Laubbäume, moosüberwucherten Waldboden, oder herbstliche Lärchen, die die Landschaft vergolden. Auf den Chiemgauer Bergen sind ruhige Winkel relativ leicht zu finden. Oftmals genügt es schon, den bekannten Hütten auszuweichen, oder einige Schritte abseits der Wege ein sonniges, oder je nach Jahreszeit auch ein schattiges Plätzchen zu suchen.

Die Freude einer Bergtour hängt gewiß nicht von der Höhe des Gipfels ab, den man dabei erklimmt. Eher ist es schon die Einstellung in unserem Innern, mit der wir eine Tour beginnen.

Die Berge des Chiemgaus sind, was ihre Höhe betrifft, nicht sehr bedeutend. Ihre Namen sind nicht gerade Sterne in der Alpinliteratur. Von den meisten Gipfeln dieses Gebietes ist weder der Zeitpunkt der Erstbesteigung noch der kühne Held bekannt, der sich diesem Unternehmen erfolgreich widmete. Es sind Almberge zum genüßlichen Wandern und Aufwärtssteigen, der Sonne und dem weißblauen Himmel entgegen.

Als Bergsteiger sind wir ja auch Naturfreunde. Wir gehen nicht aus Rekordsucht mit der Stoppuhr auf den Gipfel. Es liegt uns auch nichts daran, mit Höhe und Geschwindigkeit zu prahlen. Die Liebe zu den Bergen und zur Natur im allgemeinen ist es, die uns hinauslockt in den Wald und hinauf auf die Höhen. Ob jung und voller Tatendrang oder an Jahren schon etwas vorgerückt, wir können die Wirkung der frischen Luft und die psychologische Kraft, die vom Wandern ausgeht, verspüren. Es erfrischt unser Herz und unseren Sinn, wenn wir am Wochenende oder im Urlaub die Natur belauschen. Das Zwitschern der Vögel, das Murmeln der Bächlein und das Raunen des Windes in den hohen Wipfeln ist ein heilsames Kontrastprogramm zum grauen Alltag. In dieser Hinsicht haben unsere Chiemgauer Berge eine Menge zu bieten.

In früheren Jahren, vielleicht zwei oder drei Generationen zurück, lag der Reichtum dieser Region nicht wie heute im Erholungswert, sondern in der Forstwirtschaft. Man denke nur an die Salinen Bad Reichenhall, Traunstein und Rosenheim. Die Sudpfannen wurden Jahrhunderte ausschließlich mit Holz aus den Chiemgauer Alpen geheizt. Die landwirtschaftliche Nutzung der Täler und auch der Almflächen nahmen vor dem Beginn des Fremdenverkehrs den ersten Platz im Wirtschaftsleben dieser Region ein.

Gerade das, was aus der Vergangenheit übrigblieb, ist heute für den erholungssuchenden Wanderer, natürlich neben der Natur selbst, das Erfreuliche. Wir schätzen es bestimmt, wenn wir nach einem strammen Aufstieg durch lichten Mischwald und über saftige Almflächen auf eine bewirtschaftete Hütte treffen. Auf den meisten Almen, die an häufig begangenen Wegen erbaut sind, werden heute Getränke und Brotzeiten verkauft. Wenn sich die Alm nicht gerade in unmittelbarer Nähe einer Seilbahnstation befindet, bietet die grob gezimmerte Bank vor der Hütte die ersehnte Ruhe und Erholung.

Ein weiterer Vorzug der Chiemgauer Berge, der zum Thema Wandern nicht vergessen werden darf, ist der Wasserreichtum. Wälder, die vom Tal bis in ansehnliche Höhen reichen, speichern die Feuchtigkeit von Regen und Schnee und lassen sie nur langsam wieder los. Das begehrte Naß tritt an vielen Stellen, oft erstaunlich hoch oben wieder zutage, bildet Bächlein, Wasserfälle und Schluchten, an denen wir Bergwanderer unsere Freude haben. Oft besteht sogar die ideale Möglichkeit, eine Tour mit einem angenehmen Bad in einem der vielen Seen zum Abschluß zu bringen.

Wassermühlen und von Wasserkraft betriebene Sägewerke sind in den vergangenen Jahrzehnten sehr wenig geworden. Auch die Flößerei und das Triften der Holzstämme kann heute, in unserem technischen Zeitalter, das vom Auto beherrscht wird, nicht mehr beobachtet werden. Doch Triftanlagen können an manchen Orten noch besichtigt werden: Beispielsweise am Seehaus, zwischen Ruhpolding und Reit im Winkl oder am Hinteren Kraxenbach, auf der Tour zwischen Schwarzachenalm und Sonntagshorn. Wenn wir schon beim nassen Element sind, möchte ich noch auf eine Klammwanderung aufmerksam machen, die an warmen Sommertagen eine erfrischende Abwechslung darstellt. Von der Weißbachschlucht, beginnend bei Weißbach an der Alpenstraße bis Schneizlreuth am Fuße des Ristfeuchthorns, wird jeder begeistert sein, besonders an Regentagen. Empfehlenswert, wenn auch nicht so wildromantisch, ist die Wanderung von Laubau bei Ruhpolding ins salzburgische Heutal. Diese Route erfordert nicht viel Anstrengung, weil sie kaum Steigungen aufweist, führt uns aber immer am Wasser entlang und bringt uns, gleichsam als erfrischenden Höhepunkt, an den Staubbachfällen vorbei.

In der Laubau finden wir noch eine erwähnenswerte Besonderheit für alle, die an der Geschichte der Forstwirtschaft und der harten Arbeit unserer Vorfahren interessiert sind. Das dort im Wald errichtete Holzknechtmuseum entführt uns in die jüngste Vergangenheit. Im Museumshauptgebäude informieren Geräte und Schaubilder über die gefährliche Waldarbeit von einst. Auf dem großen Freigelände stehen Kobeln

und Holzstuben, die den Holzknechten früher als Unterkunft gedient haben. Wir können dort alles beobachten, was zum Abbau und zur Verarbeitung der Stämme gehörte. Eine funktionierende Triftanlage und ein haushohes Wasserrad versetzen uns in die Zeit der vorigen Jahrhunderte.

Naturfreunde und Genießer fühlen sich von jeher wohl in unseren Bergen zwischen Inn und Salzach. Die Erhebungen bringen es zwar nur auf knappe zweitausend Meter, was aber für uns Bergwanderer besonders zählt, sind die Blumenwiesen, das Kuhglockengeläute, die Gemsen und Murmeltiere und die sonnigen Plätze zum Brotzeitmachen. Wegen des touristischen Wertes der Naturschönheiten werden auch Anstrengungen unternommen, sie wirksam zu schützen. Dazu sind wir als Wanderer und Naturliebhaber auch eingeladen. Wenn wir alle unseren Teil dazu beitragen, werden wir auch noch lange unsere Freude daran haben. Die Fehler, die in der Vergangenheit begangen wurden, indem zu viele und zu breite Straßen durch die Bergwälder gebaut wurden, können nicht rückgängig gemacht werden. Dasselbe trifft auf die Begradigung von Flüssen und Bächen zu. Bis zu einem bestimmten Grad kann man auch hier sagen „Die Zeit heilt Wunden". Gott sei Dank werden die Reiher und die Bussarde wieder mehr. Auch bunten Faltern kann man wieder öfter begegnen dank der Brennesseln und Disteln und mancher Blumen und Straucherarten, denen man heute eher wieder eine Existenzberechtigung zugesteht.

Aussicht von der Zwieselalm auf die Berchtesgadener Gipfel, die Leoganger und die Loferer Steinberge. Rechts ragt das Ristfeuchthorn aus dem Nebelmeer auf.

Watzmann
2713
Reiteralm
2286
Loferer Steinberge
Königssee
Predigtstuhl
1613
BERCHTESGADEN
SCHNEIZL-
REUTH
Sonntagshorn
1961
Dürrnbachhorn
1776
BAYERISCH
GMAIN
GROSSGMAIN
BAD
REICHENHALL
Hochstaufen
1770
Zwiesel
1780
Gamsknogel
1750
WEISS
BACH
DEUTSCHE ALPENSTRASSE
Gr. Kienberg
1594
Rauschberg
1671
DEUTSCHE ALPENSTRASSE
Saalach
SALZBURG
PIDING
Froschsee
INZELL
693 m
RUHPOLDING
655 m
Weisse Traun
ANGER
HÖGLWÖRTH
VORAUF
MARIA
ECK
NEUKIRCHEN
TEISENDORF
FREILASSING
SCHÖNRAM
LAUTER
607 m
TRAUNSTEIN
591 m
PETTING
452 m
Traun
Wonneberg
580 m
RETTENBACH
Waginger See
WAGING a. SEE
465 m
KAMMER
OTTING
KIRCHANSCHÖRING
417 m
TETTENHAUSEN
465 m
HOLZ-
HAUSEN
TACHING a. SEE
481 m
Tachinger See
FRIDOLFING
388 m
TENGLING

Inhalt

Fellhorn 1765
Kitzbüheler Horn
Unterberghorn
Wilder Kaiser
Geigelstein 1813
Spitzstein 1596
INNTALAUTOBAHN
REIT im WINKL 696 m
KÖSSEN
Tiroler Achen
SACHRANG 738 m
OBERWÖSSEN 637 m
SCHLECHING 569 m
Hochplatte 1587
Kampenwand 1664
Wössenersee
UNTERWÖSSEN 555 m
Hochfelln 1664
GRASSAU 536 m
ROTTAU 538 m
540 m
Barnsee
598 m
MÜNCHEN
BERNAU a. CHIEMSEE
ÜBERSEE 525 m
FELDWIES
Tüttensee
GRABENSTÄTT 526 m
Herreninsel
Fraueninsel
Chiemsee
Pfeffersee
CHIEMING 537 m
GSTADT a.
BREITBRUNN a. CHIEMSEE 536 m
RIMSTING 564 m
Stettnersee
Langbürgnersee
BAD ENDORF 522 m
EGGSTÄTT 539 m
Hartsee
Kautsee
Pelhamersee
SEEBRUCK 526 m
TRUCHTLACHING 532 m
Alz
Eschenauersee
Laubensee
HÖSLWANG
Klostersee
SEEON

Inhalt

Reichenhaller Haus am Hochstaufen

Hochstaufen (1771 m)

1

Der östlichste Eckpfeiler der Chiemgauer Alpen, den mancher gar nicht mehr zu diesem Gebirgsstock zählt, ist sicher einer der schönsten und aussichtsreichsten Gipfel. Der Normalweg von der Padinger Alm bei Bad Reichenhall über die Bartlmahd zum Reichenhaller Haus und zum Gipfel, bereitet keinerlei Schwierigkeiten. Allerdings können etwas mehr als 1100 Höhenmeter schon einige Schweißtropfen kosten.

Für geübte Bergwanderer, die gelegentlich auch mit den Händen zupacken wollen, ist der Jagersteig über die Buchmahd und den Ostgrat genau das Richtige. Abwärts kann man dann den Normalweg über die Bartlmahd benutzen, der uns wieder zum Auto an der Padinger Alm zurückbringt.

Am Gipfel bietet sich bei klarer Sicht ein imposantes Panorama. Am Fuß des Berges liegt Bad Reichenhall wie ein Fleckerlteppich. Dahinter breiten sich die Berchtesgadener Gipfel im Gegenlicht aus. Am Horizont sind sogar die Hohen Tauern, die höchsten Berge Österreichs, zu erkennen. Im Osten liegt die Stadt Salzburg und das Salzkammergut. Über dem flachen Salzachgau im Norden erkennt man bei klarem Wetter sogar die Erhebungen des Bayerischen Waldes.

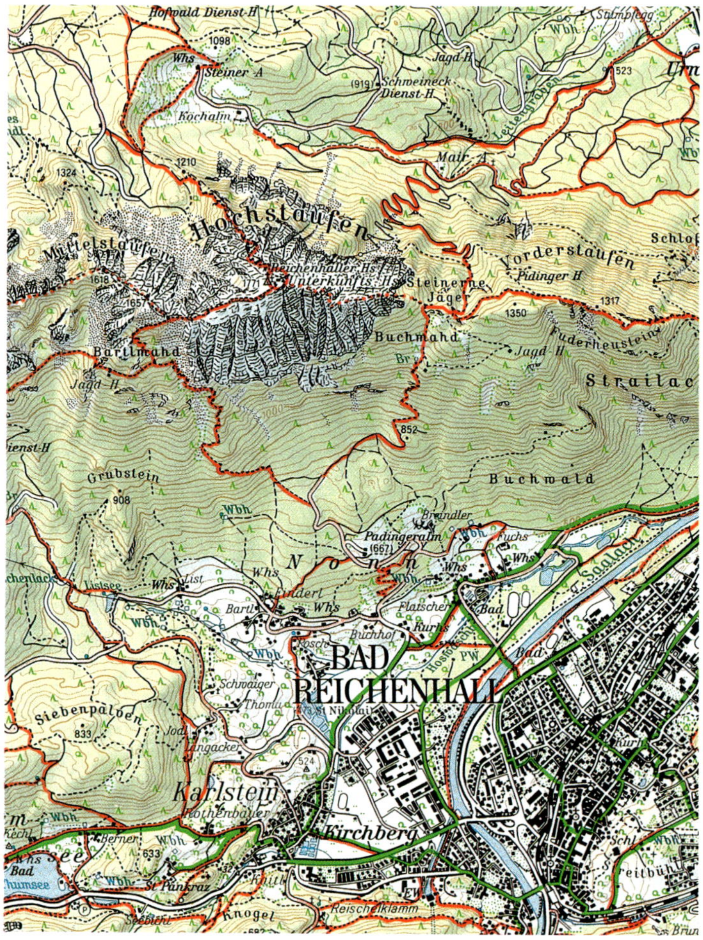

Talort:	**Bad Reichenhall**
Ausgangspunkt:	**Padinger Alm (667 m)**
Gehzeit:	**Aufstieg 3 1/2 Stunden, Abstieg 2 1/2 Stunden. Bartlmahd oder Jagersteig erfordern die gleiche Zeit.**

Blick vom Hochstaufen auf den Zwiesel

Jagersteig,
Blick auf Bad Reichenhall

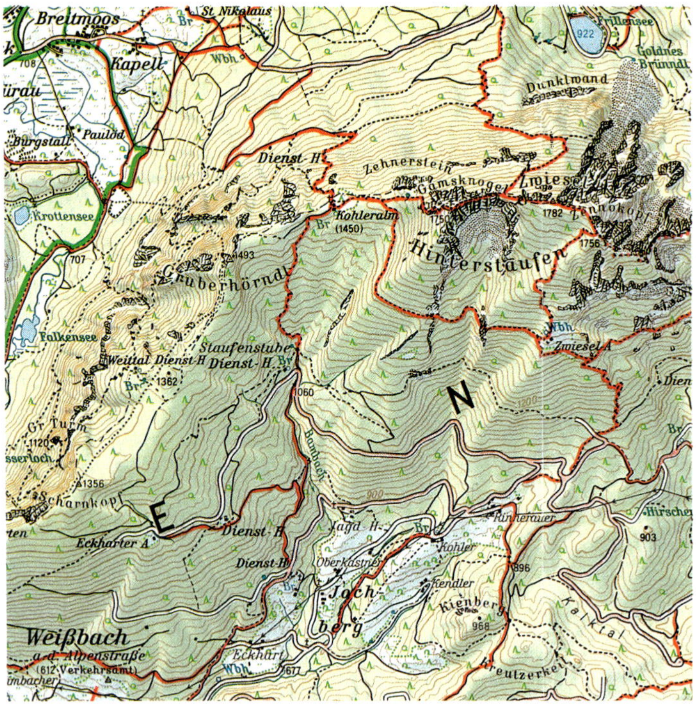

I. Talort:	**Weißbach an der Alpenstraße**
Ausgangspunkt:	**Jochberg-Parkplatz (880 m)**
Gehzeit:	**3 1/2 Stunden zum Gipfel, 1 knappe Stunde zum Gamsknogl, Abstieg über Kohleralm 2 1/2 Stunden.**
II. Talort:	**Inzell**
Ausgangspunkt:	**Gasthaus Adlgaß (ca. 800 m)**
Gehzeit:	**3 1/2–4 Stunden (Schattiger Aufstieg)**

Zwiesel (1782 m)

2

Der einfachste und kürzeste Anstieg erfolgt vom Jochbergparkplatz, den man über Weißbach an der Alpenstraße erreicht. Der Weg führt über die Zwieselalm mit dem Kaiser-Wilhelm-Haus (1386 m), die von Mai bis Oktober bewirtschaftet ist. Auf gut markiertem Weg geht es steil aufwärts zum Zennokopf. Hier hat man bereits eine atemberaubende Aussicht auf die Berchtesgadener Alpen, die von Watzmann und Hochkalter überragt werden. Mancher Bergsteiger ist damit zufrieden und steigt wieder ab.

Doch die 30 Meter Höhendifferenz zum Zwiesel, der auch als Hinterstaufen bezeichnet wird, lohnen sich wirklich. Wer möchte nicht auch einen Blick auf das Inzeller Tal und den Chiemsee werfen? Auch den Waginger See und die vielen Ortschaften sehen wir wie aus dem Flugzeug. Im Westen überblickt man von hier oben alle Erhebungen der Chiemgauer Alpen bis zum Kaisergebirge und dem Wendelstein.

Wer noch zum Gamsknogl hinübersteigen möchte, kann über die Kohleralm zum Jochberg zurückgehen.

Konditionsstarke Bergsteiger verbinden die Besteigung des Hochstaufens gleich noch mit der Überschreitung zum Zwiesel. Dazu ist eine Gesamtgehzeit von ca. 10 Stunden anzusetzen.

Zennokopf mit Berchtesgadener Alpen

Gamsknogl
Vom Zwiesel führt der Steig über den Grat hinüber

Der Hochstaufen
vom Zwiesel aus

Der Thumsee mit Ristfeuchthorn

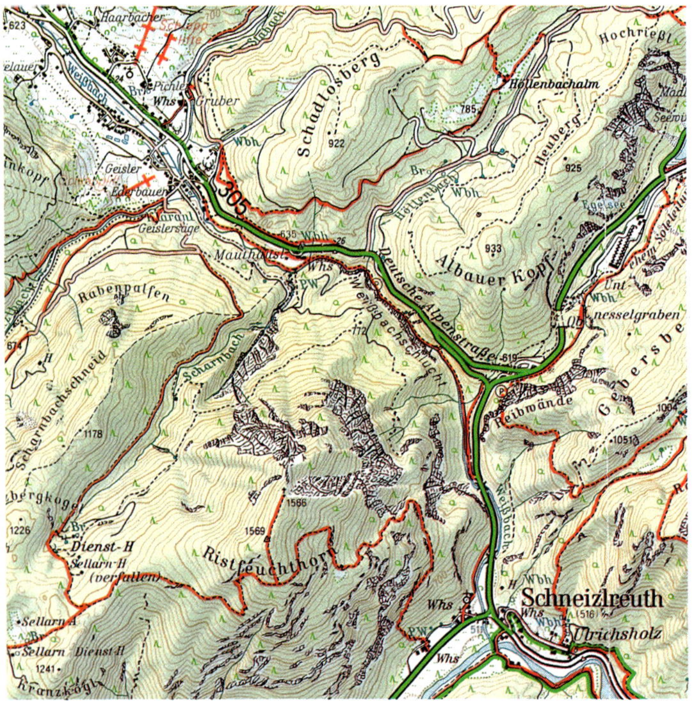

Ristfeuchthorn (1569 m)

3

„Den Namen habe ich noch nie gehört", werden einige jetzt denken. Glücklicherweise gibt es noch Berge, die wenig bekannt und wenig bestiegen sind. Wer nun meint, daß dem so ist, weil diese Gipfel nichts zu bieten hätten, ist völlig im Irrtum.

Das Ristfeuchthorn kann sogar mit einer Superlative aufwarten. Es ist der einzige Gipfel, von dem aus man den gesamten Thumsee überblicken kann, jene verlockende Wasserfläche zwischen Weißbach und Bad Reichenhall, die unmittelbar an der Alpenstraße liegt. Nach einer Sommertour auf unseren Berg gibt es nichts Angenehmeres als einen Sprung in diesen See.

Steigt man von Weißbach auf, sucht man sich eine Parkmöglichkeit in der Nähe des Öderbauern am östlichen Ortsrand. Wir gehen aber nicht am Bach entlang zur Weißbachschlucht, sondern parallel zum Tal auf einer ansteigenden Forststraße. Bei der ersten Rechtskurve gehen wir geradeaus und dann das Scharnbachtal einwärts. Im Hochwald schwenkt der Weg allmählich nach links, so daß man schließlich von Süden her den Gipfel erreicht.

Der Aufstieg von Schneizlreuth ist durchwegs sehr steil, bei Nässe und Frost ist äußerste Vorsicht geboten.

I. Talort:	**Weißbach an der Alpenstraße**
Ausgangspunkt:	**Östlicher Ortsrand (610 m)**
Gehzeit:	**$2^{1}/_{2}$–3 Stunden.**
II. Talort:	**Schneizlreuth (511 m)**
Ausgangspunkt:	**Postwirt (516 m)**
Gehzeit:	**Aufstieg 3 Stunden, Abstieg über Weißbach-Weißbachschlucht $3^{1}/_{2}$–4 Stunden.**

Blick vom Ristfeuchthorn
ins Saalachtal
und auf die Loferer Steinberge

Loferer Alm (1747 m)

4

Von Lofer im Salzburgischen gelangt man mit dem Auto auf einer mautpflichtigen schmalen Almstraße über Faistau auf die Loferer Alm. Diese weitläufige Almlandschaft, die mit der von Winklmoos zusammenhängt und ihr geologisch sehr ähnlich ist, hat drei wenig markante Erhebungen aufzuweisen: Schönbichl, Grubhörndl und Gföllhörndl. Letzteres ist etwas mühsam, mit einer 20 m hohen Stelle im Schwierigkeitsgrat II.

Ein großartiger Aussichtsberg und leicht zu ersteigen ist das Grubhörndl (1747 m). Vom Parkplatz bei den Skiliften gehen wir geradeaus nach Süden. Der Weg steigt leicht an. Am Höhenrücken entlang beschreiben wir einen weiten Bogen nach links, zwischen Lärchen hindurch, bis wir an einem Steilabbruch zur Rechten auf einem flachen Grat in nördlicher Richtung auf den höchsten Punkt gelangen.

Von dort haben wir einen großartigen Blick auf die Loferer Steinberge im Süden und die Gipfel der Berchtesgadener Alpen im Osten. Fährt man mit dem Wagen bis zur Loferer Alm, ist der Aufstieg auf das Grubhörndl eine bequeme Nachmittagstour.

Talort:	**Lofer (626 m)**
Ausgangspunkt:	**Loferer Alm (Mautstraße, ca. 1000 m)**
Gehzeit:	**Zum Grubhörndl 1–1½ Stunden**

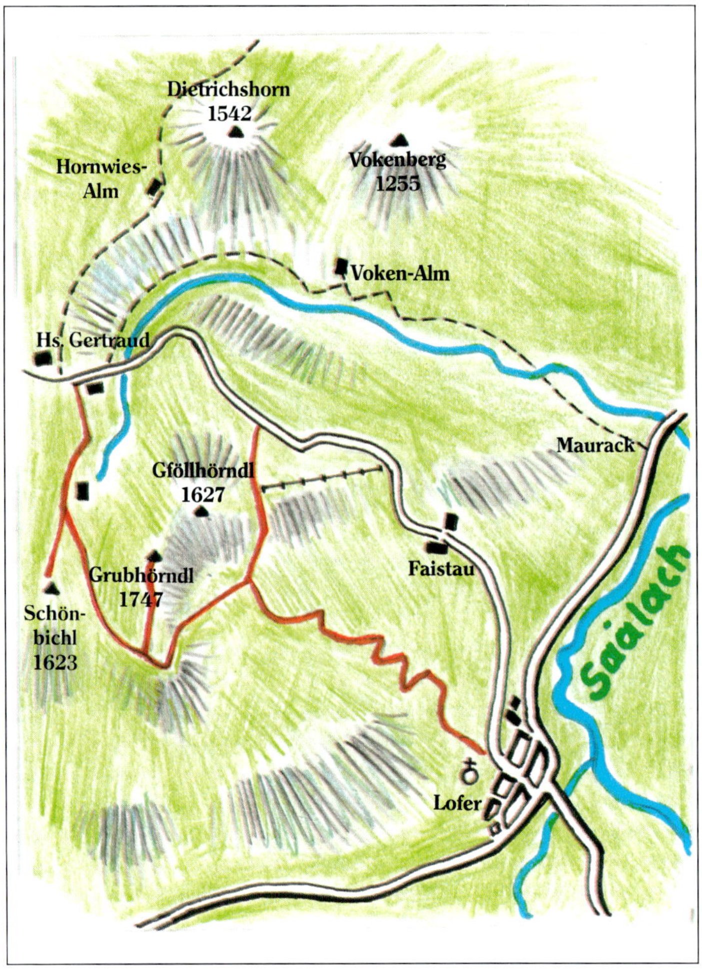

Blick auf die Loferer Steinberge

Loferer Alm – Blick vom
Grubhörndl auf Gföllhörndl

Inzell

Der Ort ist eingebettet zwischen Teisenberg, Zinnkopf, Kienberg und Zwiesel. Inzell bildet ein Tor ins Berchtesgadener und Salzburger Land.

Links:
Inzell mit Falkenstein und Kienbergl. Über dem schmalen Taleinschnitt die Gipfel der Reiteralpe.

Unten links:
Der gepflegte Kurpark mit Kienberg und Rauschberg

Unten:
Der Frillensee, der wegen seiner schattigen Lage früher als „Eisstadion" diente.

Ruhpolding

Ein Bajuware namens „Ruhpold" mag der Anführer einer Sippe gewesen sein, die im 6. Jahrhundert in dieses schöne Tal einwanderte.

Heute zählt der Ort zu den beliebtesten Urlaubszielen Deutschlands.

Am Fuß von Rauschberg und Unternberg kann man sich auch wirklich wohlfühlen.

Oben:
Ruhpolding, über der Kirche der Hochfelln.

Rechts:
Die bemalten und mit Blumen geschmückten Häuser findet man überall.

Ruhpolding mit Rauschberg

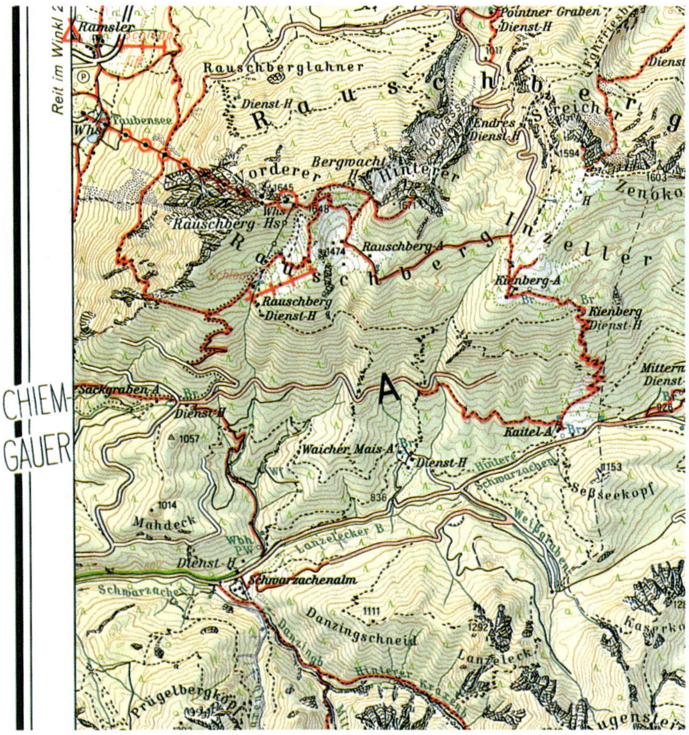

Talort:	**Ruhpolding**
Ausgangspunkt:	**Parkplatz an der B 305 Nähe Campingplatz (700 m)**
Gehzeit:	**Aufstieg 3–3½ Stunden, Abstieg über Roßgasse 2–2½ Stunden**

Rauschberg (1671 m)

5

Wenn man will, kann man in 5 Minuten oben sein. Die 1953 in Betrieb genommene Kabinenbahn ist eine willkommene Aufstiegshilfe für Gehbehinderte und ältere Leute, die den Berg zu Fuß nicht mehr schaffen. Sogar Rollstuhlfahrer haben dadurch die Möglichkeit, den Rauschberg zu besuchen.

Der Aufstieg von der Ruhpoldinger Seite beginnt an einem kleinen Parkplatz mit Orientierungsplan, der in Höhe des Campingplatzes an der Bundesstraße 305 liegt. Wir gehen in Richtung Talstation der Seilbahn aufwärts. Über dem kleinen Taubensee queren wir dann die Seilbahntrasse auf der mächtigen „Sandreiße". Auf schmalem Steig gelangen wir allmählich um den Berg herum auf die Südseite. Im oberen Teil stoßen wir auf einen Sessellift, der aber nur im Winter für die Skifahrer eingesetzt wird. Der markierte Pfad bringt uns dann etwas nach rechts und schließlich auf den Gipfel, auf dem wir ein Restaurant vorfinden.

Um den höchsten Punkt zu erreichen, halten wir uns weiter nach Osten. Die wenigen Schritte auf den Roßgassenkopf lohnen sich wegen der guten Aussicht und dem Abstand zur Seilbahn. Hier finden wir doch etwas Ruhe.

Trittsichere Geher können durch die Roßgasse absteigen und kommen in 2½ Stunden zum Parkplatz bei Ramsler zurück. Die Roßgasse ist eine beliebte aber nicht ungefährliche Skiabfahrt.

Blick vom Rauschberg
auf Ruhpolding

Unternberg,
Blick aufs Sonntagshorn

Rauschbergalm

Am Steinbach,
auf dem Weg zur Steinbergalm

Kaisermantelpaar

Branderalm

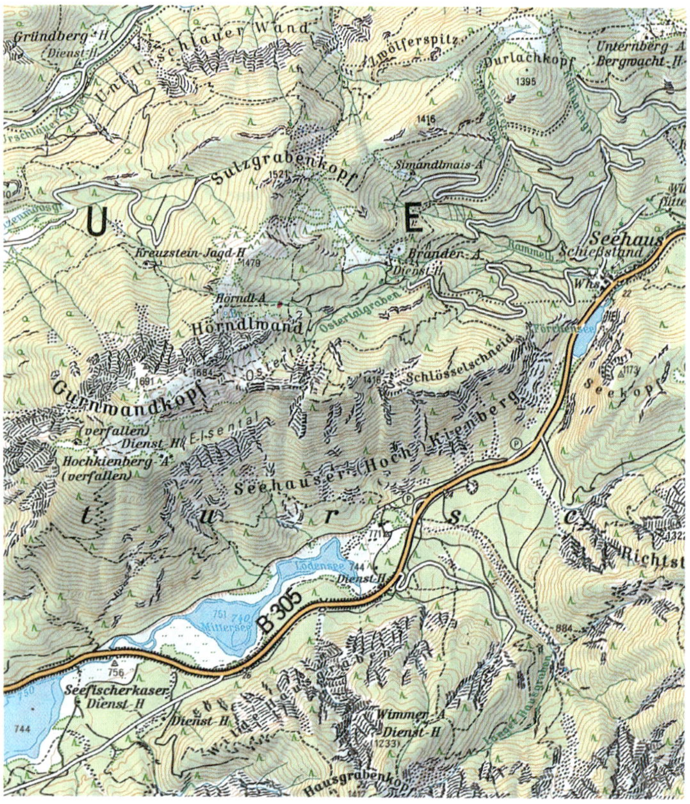

Talort:	**Ruhpolding**
Ausgangspunkt:	**Seehaus am Förchensee (720 m)**
Gehzeit:	**Aufstieg 3 Stunden, Ostertal und Jagersteig sind gleich weit.**

Hörndlwand (1684 m)

6

Im Reigen der Chiemgauer Alpen nimmt die Hörndlwand eine Sonderstellung ein. Diese elegante Felsgestalt trägt den Namen „Hörndl" wirklich zu recht. Seine steile Ostwand kann den harmlosen Bergwanderer sogar erschrecken. Auf dieser Seite erweist sich das „Hörndl" als ausgewachsener Kletterberg, dem man aber von der Rückseite überraschend einfach aufs Dach steigen kann, ohne mit Seil und Haken vertraut zu sein.

Am häufigsten beginnt man die Tour am Seehaus, an der B 309 zwischen Ruhpolding und Reit im Winkl. Der Weg ist gut beschildert. Zuerst gehen wir auf einer Forststraße. Nach einer knappen Stunde, die wir größtenteils im Wald aufwärts steigen, erreichen wir die Branderalm. Hier müssen wir uns wegen der herrlichen Blumenwiesen etwas Zeit lassen. Wenn wir die Almlichtung hinter uns haben, nimmt uns ein alter Buchenwald auf. Noch im Wald stoßen wir auf eine beschilderte Weggabelung.

Nach links geht es durchs Ostertal, das ist der Normalweg. Nach rechts führt der Weg über die Hörndlalm und den Jagersteig auf unseren Gipfel. Es empfiehlt sich, den einen als Aufstieg und den anderen als Abstieg zu benutzen. Die Hörndlalm dient als Bergwachtstützpunkt.

Hörndlwandgipfel
Hinter den Bäumen versteckt sich die Hörndlalm, die als Bergwachtstützpunkt dient

Hochfelln (1671 m)

7

Anläßlich eines Schulausflugs erinnere ich mich, daß uns der Lehrer tadeln mußte, weil wir in unserem Übermut die Bergesstille störten, während er uns die Dörfer um Traunstein und den Chiemsee erklärte. Die Stille auf dem Gipfel ist bei gutem Wetter ein Relikt der Vergangenheit, seit eine Kabinenbahn von Bergen aus ganze Busgruppen heraufbringt.

Ein bequemer Rundweg von der Bergstation zum Gipfelkreuz, der Kapelle und dem Gasthaus, kann durchaus mit Halbschuhen und Sandalen bezwungen werden. Doch der Aufstieg zum Hochfelln ist immer noch eine echte Bergtour.

Der klassische Talort ist zweifellos Bergen an der Autobahn. Vom Ortsteil Maximilianshütte, wo auch die Station der Seilbahn steht, geht man auf gut gekennzeichnetem Weg an der Schwarzen Ache entlang bis zur Bründlingalm, wo zwei bewirtschaftete Hütten zu einer Brotzeit einladen. Dann 1 Stunde zum Gipfel.

Auf der Ruhpoldinger Seite kann man bis zur Steinbergalm mit dem Auto oder einem Bus fahren. Von dort geht es dann ebenfalls über die Bründlingalm auf den Gipfel.

I. Talort: **Bergen an der Autobahn München-Salzburg**
Ausgangspunkt: **Maximilianshütte an der Seilbahn (600 m)**
Gehzeit: **3 Stunden**

II. Talort: **Ruhpolding**
Ausgangspunkt: **Steinbergalm (1000 m)**
Gehzeit: **2 Stunden**

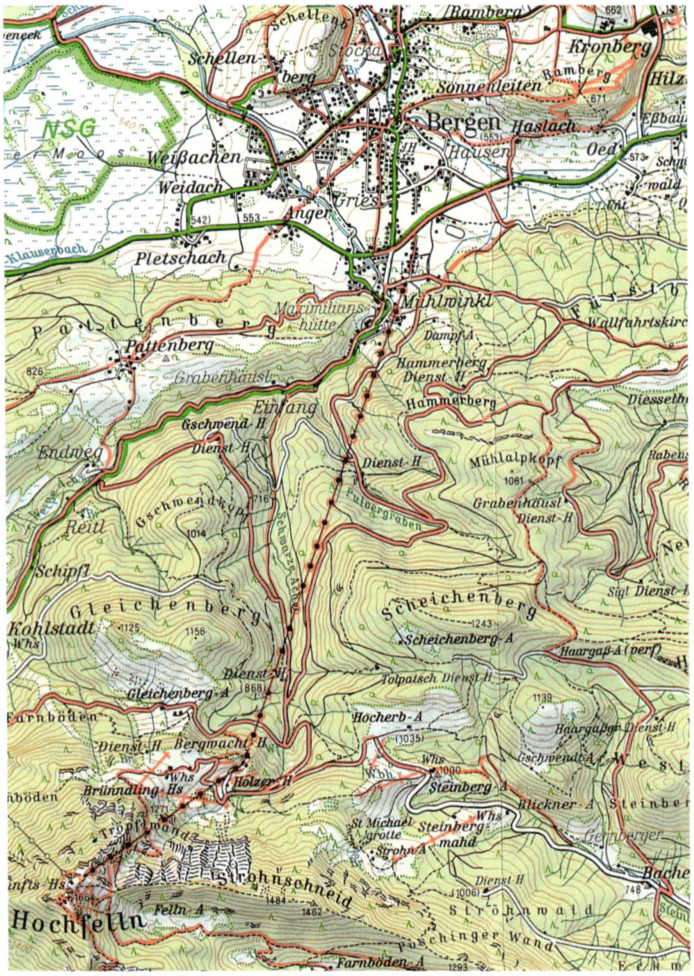

Hochfellngipfel

Hinterer Kraxenbach

Sonntagshorn (1961 m)

8

Der Aufstieg von Norden ist frühestens ab Juni zu empfehlen, weil im Großen Sand der Schnee ungewöhnlich lange liegen bleibt. Es erfordert schon Bergerfahrung und etwas Übung in der Routenfindung, wenn man sich den Steig über den Mittleren Kraxenbach aussucht, obwohl der Weg beschildert und markiert ist. Vom Großen-Sand-Kar auf das Joch muß man den schattigen Fels fest anpacken. Auch der Abschnitt von der Scharte zum Gipfel erfordert an einigen Stellen Schwindelfreiheit.

Als Abstieg bietet sich der Steig an, der vom Gipfel direkt nach Nordosten hinabführt. Anfangs ist er etwas beschwerlich, doch wenn man den lockeren Schotter hinter sich hat und an den munteren Kaskaden des Hinteren Kraxenbachs nach Norden talauswärts wandert, kehrt die gute Laune schnell zurück. Schließlich stehen wir wieder am Ausgangspunkt, der Schwarzachenalm.

Ein Fahrrad, mit dem man von der Laubau zur Schwarzachenalm fährt, ist bei dieser Tour eine willkommene Hilfe. Zu Fuß braucht man etwa 45 Minuten.

I. Talort:	**Ruhpolding**
Ausgangspunkt:	**Laubau, Parkplatz am Holzknechtmuseum**
Gehzeit:	**Schwarzachenalm 45 Minuten, über Mittleren Kraxenbach 3–4 Stunden. Abstieg über Hinteren Kraxenbach 3 Stunden.**
II. Talort:	**Unken im Saalachtal**
Ausgangspunkt:	**Heutal (970 m)**
Gehzeit:	**2$^1/_2$–3 Stunden**

Zwiesel und Hochstaufen mit Bad Reichenhall

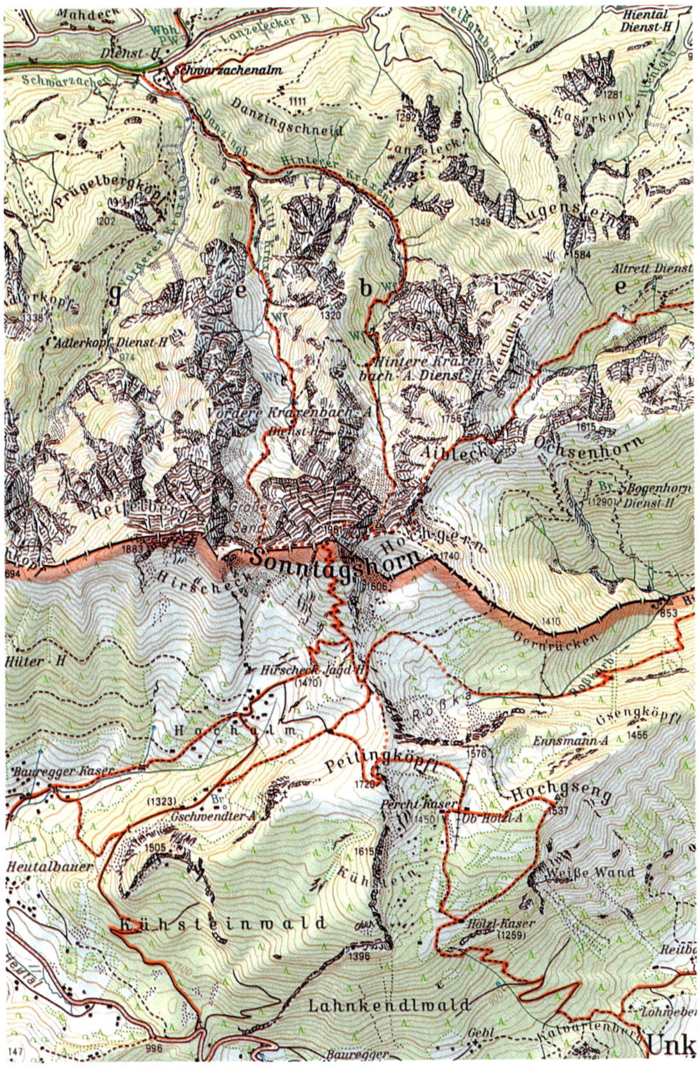

Blick über die Loferer Alm auf die Loferer Steinberge

Links sieht man
das Kaisergebirge, rechts den Geigelstein

Sonntagshorn (1961 m) und Reifelberg (1883 m) – Skitour

9

Im Winter kann man am Sonntagshorn weit mehr Leute antreffen als im Sommer. Kein Wunder, Aufstieg und Abfahrt stellen keine besonderen Anforderungen an den Skibergsteiger. Genußreiche Abfahrten versprechen nur die Südhänge zum Heutal. Von dort ziehen die glitzernden Hänge gleichmäßig hinauf. Die oberen zwei Drittel sind fast baumlos. Zuerst geht es kurz durch lichten Wald bis zu den tief verschneiten Hütten der Hochalm, wo man bei der Abfahrt Brotzeit machen kann. Weiter folgt man der breiten Senke. Am Sattel zwischen Sonntagshorn und Peitingkopf wendet man sich nach links. Von hier aus hat man den Gipfel ständig vor sich.

Als höchster Gipfel der Chiemgauer Alpen, unmittelbar nördlich der Loferer Steinberge und gegenüber den Berchtesgadener Alpen, ist das Gipfelpanorama verständlicherweise grandios.

Bei der Abfahrt können wir durch einen kurzen Aufstieg auf den Peitingkopf (1720 m) unsere Skifreuden verlängern. Oder wenn es die Kräfte erlauben, nehmen wir den Reifelberg als zweiten Gipfel mit. Dabei halten wir uns bereits vor dem Sattel nach rechts und fahren nicht bis zur Hochalm hinunter. Die 200 m Aufstieg lohnen sich bei guter Schneelage auf jeden Fall. Wenn keine Lawinengefahr besteht, ziehe ich den Reifelberg dem Sonntagshorn sogar vor.

Talort:	**Unken**
Ausgangspunkt:	**Heutal (970 m)**
Gehzeit:	**$2^1/_2$ Stunden,**
	Hochalm – Reifelberg 1 Stunde

Peitingkopf und Sonntagshorn

Blick vom Sonntagshorn
über den Reifelberg nach Westen

Winklmoosalm, Dürrnbachhorn (1776 m)

10

Reit im Winkl und Winklmoosalm sind zwei Begriffe, die wohl jeder Bergwanderer und Skifahrer kennt. Bei Schnee, der da oben zu Hause ist, sollte der ruhebedürftige Naturfreund nicht unbedingt die Winklmoosalm ansteuern.

In den schneefreien Monaten kann der Autofahrer mit dem eigenen Wagen auf 1180 m hinauffahren. In den Wintermonaten verkehren Busse zwischen Seegatterl und Winklmoos.

Am Rand des großen Parkplatzes finden wir eine Menge Wegweiser. Für Fußkranke hat man eine Sesselbahn gebaut, die bis 1600 m hinaufführt. Wer aber gut zu Fuß ist, würde nicht um viel Geld in einen solchen Sessel steigen. Die 600 Höhenmeter sind ja wirklich nur ein Spaziergang. Wer sich den Rucksack sparen möchte, sollte, außer der Geldbörse für das Gasthaus an der Bergstation, auf jeden Fall den Fotoapparat mitnehmen. Die vielen Berganemonen und Trollblumen, die im Frühsommer die Hänge über der Dürrnbachalm in ein Blumenmeer verwandeln, sind mehr als ein Foto wert.

Auf dem Gipfel erwartet uns ein großartiges Panorama. Besonders beeindruckend ist der Tiefblick auf die Wasserflächen von Weitsee, Mittersee und Lödensee.

Talort:	**Reit im Winkl**
Ausgangspunkt:	**Winklmoosalm (1180 m)**
Gehzeit:	**2–2½ Stunden**

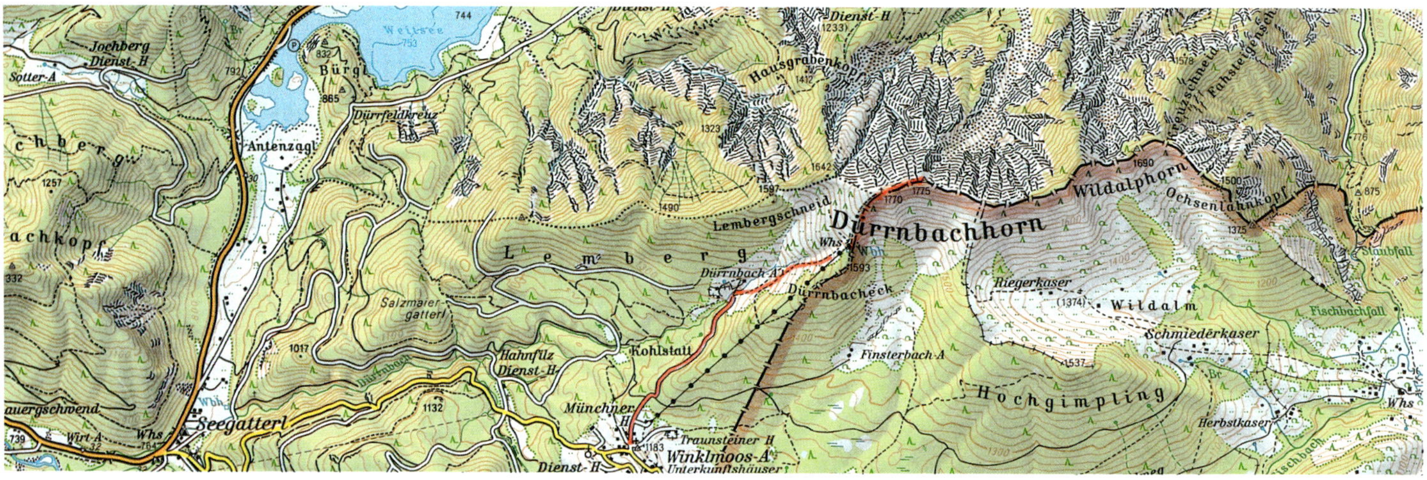

Winterliches Dürrnbachhorn

Blick vom Dürrnbachhorn
auf die Berchtesgadener Alpen

Bergstation
des Sessellifts am Dürrnbachhorn

Enzian und Silberwurz

Berganemonen

Die herrliche Aussicht vom Dürrnbachhorn auf den Weitsee

Trollblumen
im Bereich der Winklmoosalm

Winklmoosalm – Steinplatte (1869 m)

11

Im Sommer fahren wir auf einer gebührenpflichtigen Asphaltstraße von Seegatterl bei Reit im Winkl bis zur Winklmoosalm. Vom Parkplatz folgen wir der übersichtlichen Beschilderung, zuerst in östlicher Richtung an den Häusern vorbei. Dann nach Süden auf einen mit „Möseralm – Scheiblberg“ gekennzeichneten Fußweg, der über ein Sumpfgebiet mit einem Bretterpfad führt. Wieder auf der Fahrstraße erreichen wir nach etwa einem Kilometer das Gasthaus Möseralm.

Weiter bleiben wir auf der Straße, die über das Dreiländereck in großen Kehren zum Gasthaus Kammerköhr hinaufläuft. Den höchsten Punkt, die Steinplatte, erreichen wir dann auf einem felsigen Bergpfad.

Von Waidring auf der österreichischen Seite gibt es ebenfalls eine Mautstraße, die uns bis zum Gasthaus Steinplatte bringt. Von dort benötigen wir $1^1/_2$ Stunden zum Gipfel.

Oben ist man den Loferer Steinbergen ganz nah und kann auf Waidring hinabschauen, wo die Häuser klein wie Spielzeug sind. Im Winter ist dieses Gebiet eines der schneesichersten in ganz Bayern. Wegen der verzweigten Almstraßen ist es auch bei Mountainbiklern sehr beliebt.

I. Talort: **Reit im Winkl**
Ausgangspunkt: **Winklmoosalm (1180 m)**
Gehzeit: **2–3 Stunden**

II. Talort: **Waidring**
Ausgangspunkt: **Gasthaus Steinplatte (1374 m)**
Gehzeit: **$1^1/_2$ Stunden**

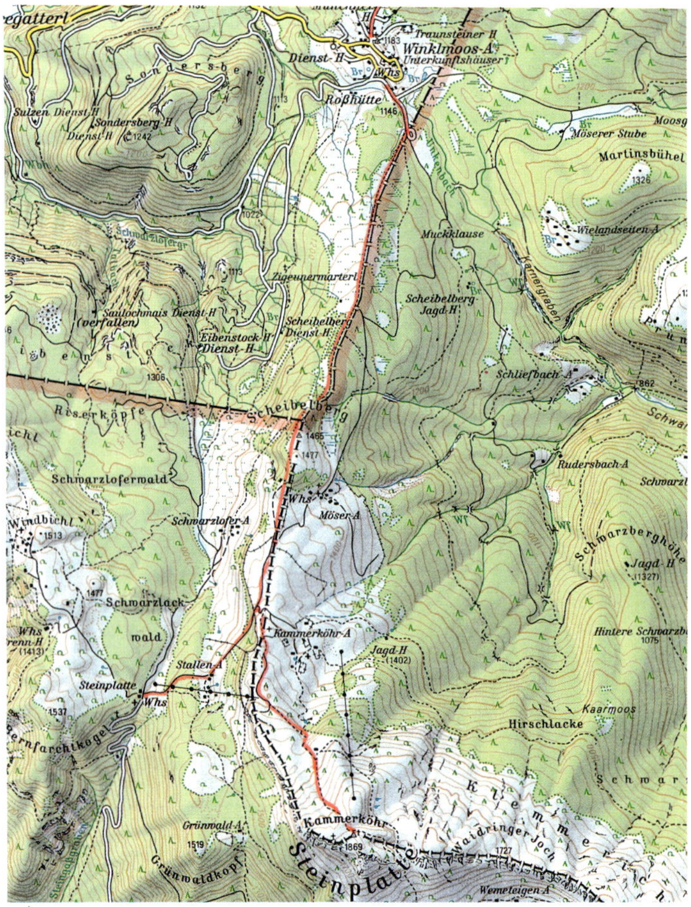

Mit dem Mountainbike auf die Winklmoosalm

Kammerköhr
gegen Sonntagshorn

Möseralm

Verschneite Alm

Steinplatte
mit dem Wilden Kaiser

Winklmoosalm

Reit im Winkl

In Reit im Winkl ist es zu jeder Jahreszeit schön. Der Ort kann dem Feriengast alles bieten, was das Herz begehrt.

Viele Wanderwege werden auch im Winter geräumt. Es wird wenige Orte geben, die in der weißen Jahreszeit mehr Gäste haben als im Sommer, hier trifft dies allerdings zu.

Wanderer, Skifahrer und Langläufer finden hier wegen der legendären Schneesicherheit von Dezember bis April ideale Verhältnisse vor.

Winter in Reit im Winkl

Frühling
in Reit im Winkl

Die Sauermöseralm liegt
auf dem Weg von
Reit im Winkl zum Taubensee

Streichenwirtschaft

Taubenseehaus

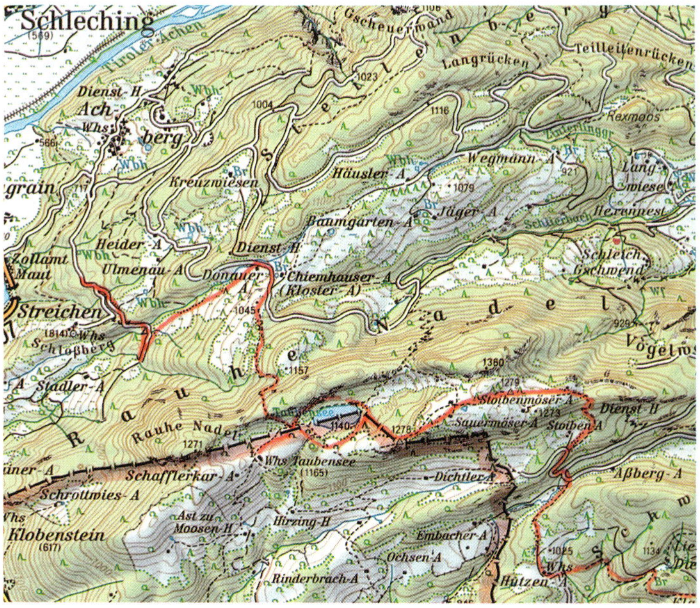

Taubensee (1170 m)

12

Im Bereich der „Rauhen Nadel" zwischen Schleching, Reit im Winkl und Unterwössen mißt der höchste Punkt nur 1360 m. Obwohl es sich nur um ein Hügelgebirge handelt und sein Gipfel gar keinen offiziellen Namen hat, stellt dieser Gebirgsstock ein liebliches Almwandergebiet dar. Es macht wirklich Spaß, auf dem gut ausgebauten Wegenetz über die Höhen zu wandern und die Ausblicke auf die umliegenden Gipfel zu genießen.

Ein besonderer Leckerbissen für Genußwanderer ist der Taubensee und das Berggasthaus mit demselben Namen. Auf diesen Wegen sollte man seinen Personalausweis bei sich haben. Der See liegt auf und das Gasthaus jenseits der Grenze.

Der kürzeste Weg ist von Kössen herauf. Die meisten kommen von Achberg bei Schleching. Dort gibt es in Richtung „Streichen" mehrere Parkmöglichkeiten. Den Weg kann man gar nicht verfehlen. Er ist deutlich beschildert „Zum Taubensee".

Von Reit im Winkl führt der Weg über die Hutzenalm und die Sauermöseralm. Der Weg ist nicht steil, sondern angenehm zum Gehen.

I. Talort:	**Schleching-Ettenhausen**
Ausgangspunkt:	**Achberg-Streichen (814 m)**
Gehzeit:	**2 1/2 Stunden**
II. Talort:	**Reit im Winkl**
Ausgangspunkt:	**Kriegerkapelle oder Birnbach (ca. 800 m)**
Gehzeit:	**3 Stunden**

Reit im Winkl mit dem Unterberghorn

Gipfelblick Richtung Norden; die Entenlochklamm hält den Chiemseenebel zurück.

Kössener Unterberghorn (1773 m) 13

Hier haben wir es mit einem Berg zu tun, der vollständig auf Tiroler Boden steht und nicht zu den Chiemgauer Alpen zählt. Was will er dann in dieser Reihe? Fast auf jedem Bild von Reit im Winkl sieht man ihn als dominierende Erhebung neben dem Felskamm des Wilden Kaisers. Andererseits steht er in einer Reihe mit der Loferer Alm und der Steinplatte.

Der Normalweg von Turmbichl an der Sesselifttrasse entlang ist weder abwechslungsreich noch romantisch. Es ist ein völlig vermarkteter Berg. Seine Nordseite ist eine einzige, weitgehend rücksichtslos planierte Skipiste. Doch die Nähe zum Kaisergebirge macht ihn auch für Nichtskifahrer interessant.

Das Großartige an diesem freistehenden Berg ist auf jeden Fall die Rundsicht, die man auf ihm genießt. Die leuchtenden Spitzen des Wilden Kaisers sind zum Greifen nah. Im Süden präsentieren sich über den Kitzbüheler Alpen die Hohen Tauern, im Norden die gesamten Chiemgauer vom Spitzstein bis zum Sonntagshorn.

Um nicht wieder denselben Weg absteigen zu müssen, überschreiten wir den Gipfel und folgen dann dem Schild „Zur Lackalm". Der Abstieg ist aber nur geübten Bergsteigern zu empfehlen und auch nur dann, wenn der Steig nicht vereist ist. Von dort steigen wir ins Niederhausertal hinab und gehen am gleichnamigen Bach entlang hinaus nach Turmbichl.

Talort:	**Kössen (589 m)**
Ausgangspunkt:	**Turmbichl-Sessellift (600 m)**
Gehzeit:	**Aufstieg 3½–4 Stunden.**
	Abstieg über Lackalm 3 Stunden.

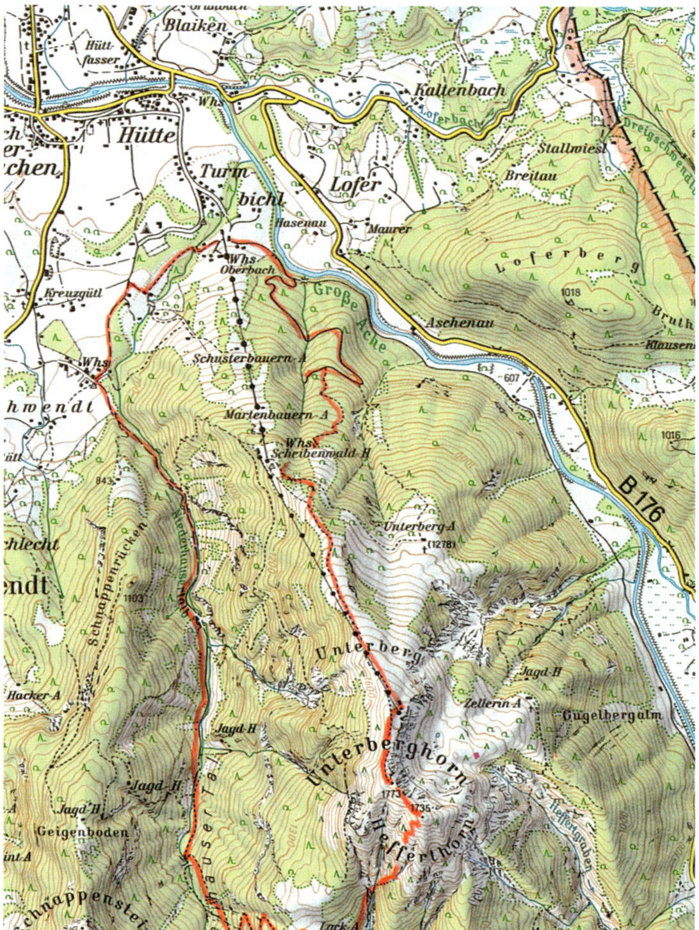

Vom Kössener Unterberghorn
hat man diesen herrlichen Blick
auf den Wilden Kaiser

Entenloch

Klobenstein – Streichen (814 m) 14

Wir parken unser Auto, von Schleching-Ettenhausen kommend, nach der Achenbrücke. Der Parkplatz unmittelbar am Wasser wird auch von Kajakfahrern gern benutzt, um nach dem rasanten Abenteuer, das die Klamm bietet, an Land zu gehen.

Zuerst gehen wir über die Brücke zurück, um auf dem Damm der Ettenhausener Seite flußaufwärts zu wandern. Der Pfad ist im Wald schmal und stellenweise verwachsen. Erst beim kleinen Ruderburgsee gelangen wir auf den Fahrweg, der vom Dorf her kommt. Auf diesem sogenannten Schmugglerweg bleiben wir. Im dichten Mischwald zeigt uns nach einer dreiviertel Stunde ein Wegweiser den Abstieg zur Hängebrücke und zum Gasthaus Klobenstein hinunter.

An dem kleinen Gasthaus hat man das Gefühl, die vermummten Schmuggler mit ihren schweren Rucksäcken wären eben im Waldesdunkel untergetaucht. Nach einer kurzen Rast gehen wir an der Kapelle vorbei zur Straße hinauf. Dort halten wir uns links und bleiben bis zu einem Tunnel auf der Asphaltstraße. Vor dem Tunnel steht ein Wegweiser, der uns nach links auf einen Fußweg zum Streichen und zur Bäckeralm hinaufleitet. Wir überwinden ca. 200 Höhenmeter und stehen vor der Streichenkirche. Etwas unterhalb wartet auch ein Wirtshaus auf uns durstige Wanderer.

Dann bleiben wir auf der Fahrstraße, die uns zuerst nach Achberg und dann zur Achenbrücke hinabbringt. Auf dieser Wanderung sollten wir einen Personalausweis mithaben.

Zitronenfalter

Die kleine „Schmugglereinkehr“

Schleching

Talort:	Schleching-Ettenhausen
Ausgangspunkt:	Achenbrücke vor dem Grenzübergang (575 m)
Gehzeit:	Klobenstein 1 Stunde.
	Die ganze Runde 3 Stunden.

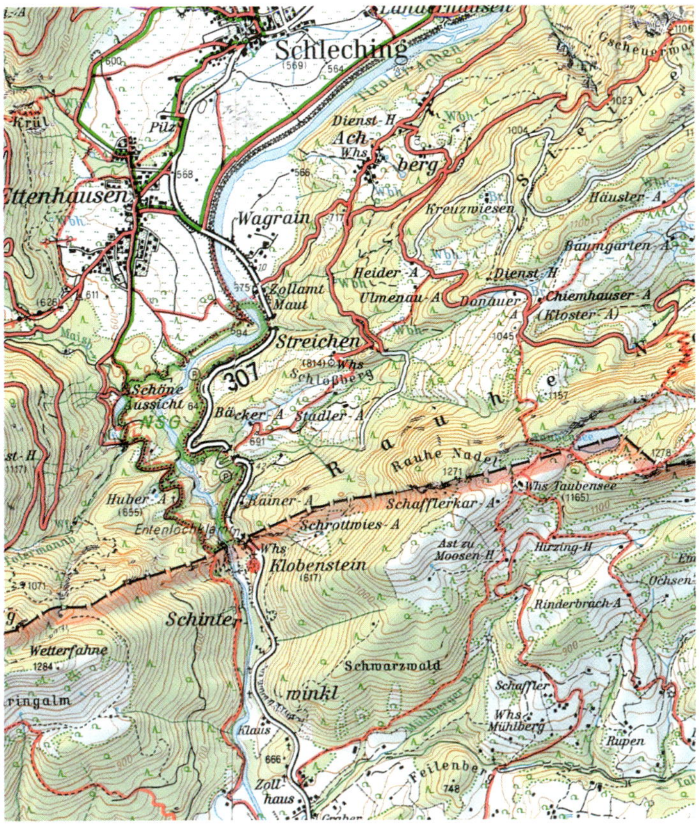

Hängebrücke über die Ache

Unterwössen mit Geigelstein

Gscheuerwand (1106 m)

15

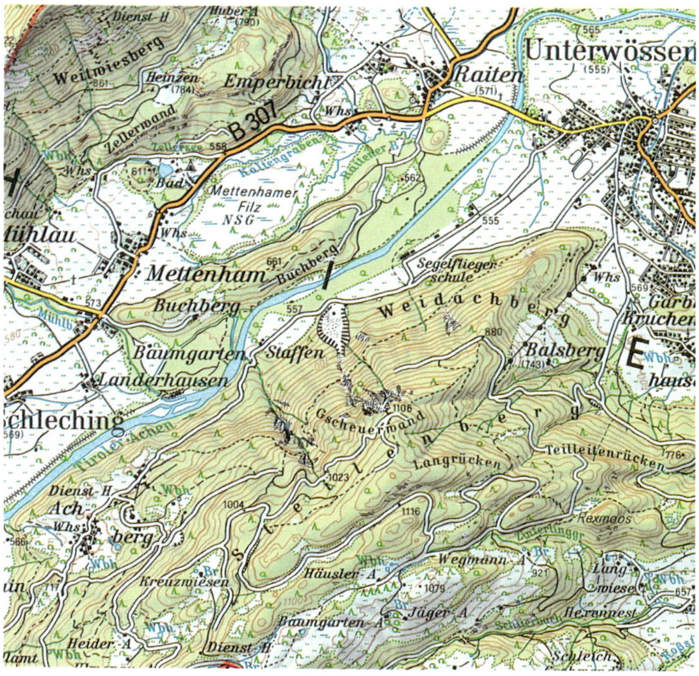

Die sonst so harmlos aussehende „Rauhe Nadel", jenes niedrige Gebirge, das unmittelbar südlich von Unterwössen aufragt, weist an seinem Nordrand eine Felswand auf, die jäh zur Tiroler Ache abbricht. Wegen der ausgesetzten Position dieses felsigen Vorsprungs hat man von ihm eine imposante Aussicht.

Das gesamte Geigelsteinmassiv, der Einschnitt der Dalsenalm und die Felsgipfel von Scheiben- und Kampenwand, sowie die Hochplatte sieht man, ohne sich umzudrehen. Auf der anderen Seite Richtung Nordost steht der Hochgern mit den Talorten Marquartstein und Unterwössen. Auch die Ache kann man von Ettenhausen bis Marquartstein verfolgen.

Vom Achberg, gegenüber von Schleching, macht der Aufstieg am wenigsten Mühe. Bis auf die letzten 50 Meter bleibt man ständig auf einer Forststraße.

Von Unterwössen hat man ca. 150 Höhenmeter mehr zu überwinden. Doch auch dieser Weg stellt eine einfache Wanderung dar.

I. Talort:	**Schleching**
Ausgangspunkt:	**Achberg (720 m)**
Gehzeit:	**1 1/2 Stunden**
II. Talort:	**Unterwössen**
Ausgangspunkt:	**Nähe Balsberglift bei Kruchenhausen (575 m)**
Gehzeit:	**2 Stunden**

Achental von der Gscheuerwand aus
mit den Orten Ettenhausen, Schleching und Mühlau

Blick vom Hochgern ins Achental.
Über den Häusern von Unterwössen die schattige Gscheuerwand, darüber der Zahme Kaiser.
Weitere Berggipfel von links nach rechts: Breitenstein, Geigelstein, Weitlahnerkopf, Wendelstein, Hochplatte und Kampenwand.

Hochgerngipfel, am
Horizont das Kaisergebirge

Abstieg vom Gipfel
mit Blick auf den Chiemsee

Hochgern (1748 m)

16

Wer den Hochgern bisher nur von Gstadt aus als prächtige Kulisse hinter der Fraueninsel betrachtet hat, sollte ihm ruhig einmal aufs Dach steigen. So attraktiv wie er von unten gesehen auch wirken mag, noch eindrucksvoller ist der Blick vom Gipfel über den See mit seinen Inseln und über das weite Land. An Föhntagen kann man die Silhouette des Bayerischen Waldes erkennen. Aber auch nach Süden liegt ein wahrhaft imposantes Panorama vor uns. Das gesamte Kaisergebirge, die Kitzbüheler Alpen und die Gletschergipfel der Hohen Tauern.

Der südseitige Aufstieg von Marquartstein oder Unterwössen ist besonders im Spätherbst und an schneearmen Wintertagen sehr beliebt. Eine Wirtschaftsstraße bringt uns über die Agergschwendalm bis zum Hochgernhaus auf 1461 m. Von dort benötigt man noch eine Stunde zum Gipfel.

Im Sommer ist der schattige Nordanstieg von Staudach über den Schnappenberg und die Staudacheralm besonders zu empfehlen.

Vom Gipfel zieht ein markanter Grat nach Westen über die Zwölferspitze (1633 m) bis zur Felskanzel des Hochlerch, wo man das Achental von Klobenstein bis zur Mündung in den Chiemsee überblicken kann.

I. Talort:	**Marquartstein oder Unterwössen**
Ausgangspunkt:	**Parkplatz oberhalb der Burg (610 m)**
Gehzeit:	**3 Stunden**
II. Talort:	**Staudach**
Ausgangspunkt:	**Staudach-Mühlwinkl (Holzplatz, 550 m)**
Gehzeit:	**3–3 1/2 Stunden**

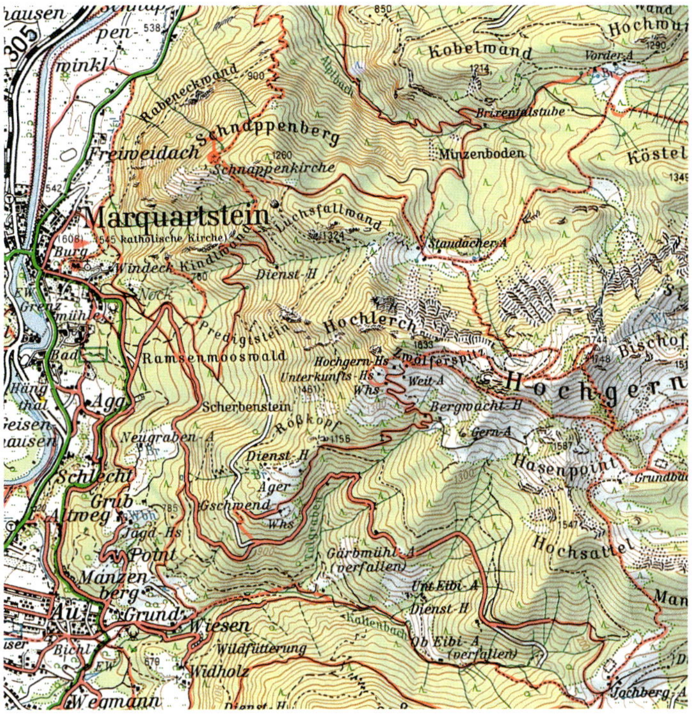

Marquartstein mit Hochplatte

Blick auf die Kampenwand

Raiten, Unterwössen, Oberwössen

Hochplatte (1587 m)

17

Wer dieser ebenmäßig geformten Pyramide den nichtssagenden Namen verpaßt hat, sah den Berg vielleicht nie aus der Ferne. Östlich der berühmten Kampenwand, mit ihrer Seilbahn, führt die Hochplatte ein Schattendasein. Ihre Ostflanke steigt unmittelbar aus dem Achental bei Marquartstein auf. Im Westen ist der Gipfelaufbau nicht hoch, weil er auf dem Sattel aufliegt, der ihn mit der Kampenwand verbindet. Deshalb ist ein Übergang von der Kampenwand mühelos möglich. Von der Steinlingalm braucht man etwa eine Stunde. Was den Berg besonders auszeichnet, ist seine einmalige Aussicht auf den gesamten Chiemsee, seine Inseln und die umliegenden Ortschaften.

Als Talorte kann man Marquartstein, Grassau oder Schleching betrachten. Die Sesselbahn von Niedernfels bringt die Fahrgäste auf 1031 m. Von dort sind es noch 2 Stunden zum Gipfel.

Von Grassau aus kann man bis Strehtrumpf, wo der Fernsehturm steht, mit dem Auto fahren. Über die Hefter- und Rachlalm braucht man 3 Stunden zur Hochplatte.

Mir gefällt der südseitige Aufstieg von Mühlau, über die Oberauerbrunst Alm und den Teufelsstein am besten. Das ist ein Tip speziell für die kühlere Jahreszeit, weil zwei Drittel des Weges auf schattenlosem Gelände verläuft.

I. Talort:	**Schleching-Mühlau**
Ausgangspunkt:	**Mühlau (600 m)**
Gehzeit:	**3½ Stunden**
II. Talort:	**Marquartstein-Niedernfels**
Ausgangspunkt:	**Parkplatz am Hochplattelift (590 m)**
Gehzeit:	**3½ Stunden**

Nebenstehendes Bild:
Aussicht von der Hochplatte auf den westlichen Chiemsee

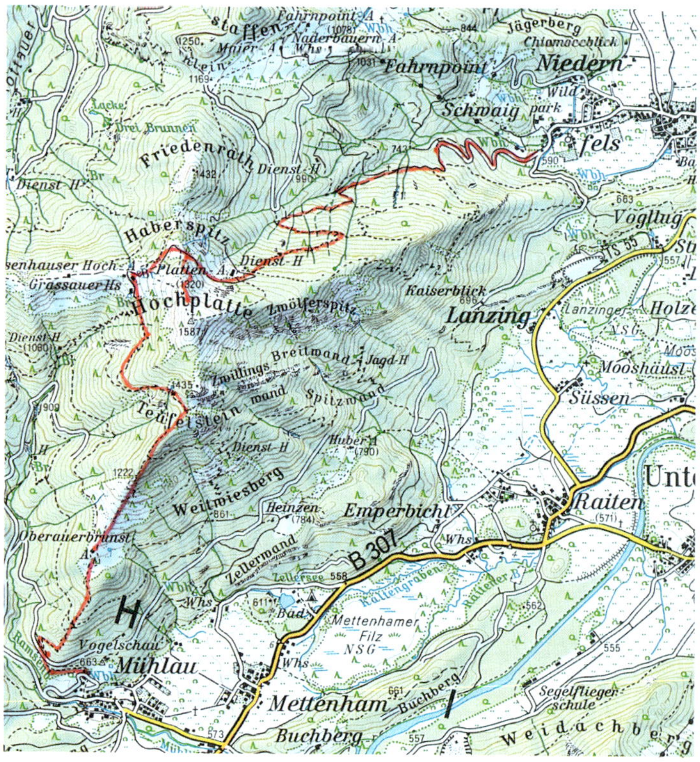

Kampenwand (1664 m)

I. Talort:	**Aschau**
Ausgangspunkt:	**Parkplatz Kampenwandbahn (620 m)**
Gehzeit:	**3¹/₂ Stunden**
II. Talort:	**Bernau am Chiemsee**
Ausgangspunkt:	**Hinterschwendt (820 m)**
Gehzeit:	**2¹/₂–3 Stunden bis Steinlingalm (1360 m), 1 Stunde zum Gipfel.**

Steinlingalm

Tausende lassen sich natürlich im Sommer und vielleicht noch mehr Skifahrer im Winter mit der Seilbahn auf die Kampenwand bringen. Die Talstation dieser Aufstiegshilfe befindet sich in Hohenaschau im schönen Priental mit seinem weithin sichtbaren Schloß. Von Aschau kann man natürlich auch zu Fuß den charakteristischen Felskamm, der dem Berg den Namen gab, erreichen. Um für die Gesundheit etwas zu tun, schlage ich vor, wenigstens eine Strecke, vorzugsweise den Aufstieg, zu Fuß zu bewältigen. Talwärts läßt man sich dann mit der Bahn befördern, um die Knie zu schonen.

Wenn wir den Wagen am Parkplatz der Seilbahn abstellen, gehen wir den Weg links von der Bahn aufwärts, anfangs an einigen Häusern vorbei. Weiter oben verlieren wir zwar die Seilbahn aus den Augen, doch die Beschilderung des Weges ist unmißverständlich.

Kommen wir aber vom Chiemsee her, werden wir über Bernau, Außerkoy nach Hinterschwendt fahren und dort unser Auto abstellen. Die Wirtschaftsstraße verlassen wir bald und biegen links auf einem Fußweg in den Wald hinein, dadurch schneiden wir eine weitläufige Kehre ab. Weiter folgen wir der Beschilderung „Kampenwand".

Hochgebirgsmäßig wird es erst ab der Steinlingalm. Den Steig auf dem Felskamm zum Gipfelkreuz sollten nur trittsichere Bergsteiger gehen.

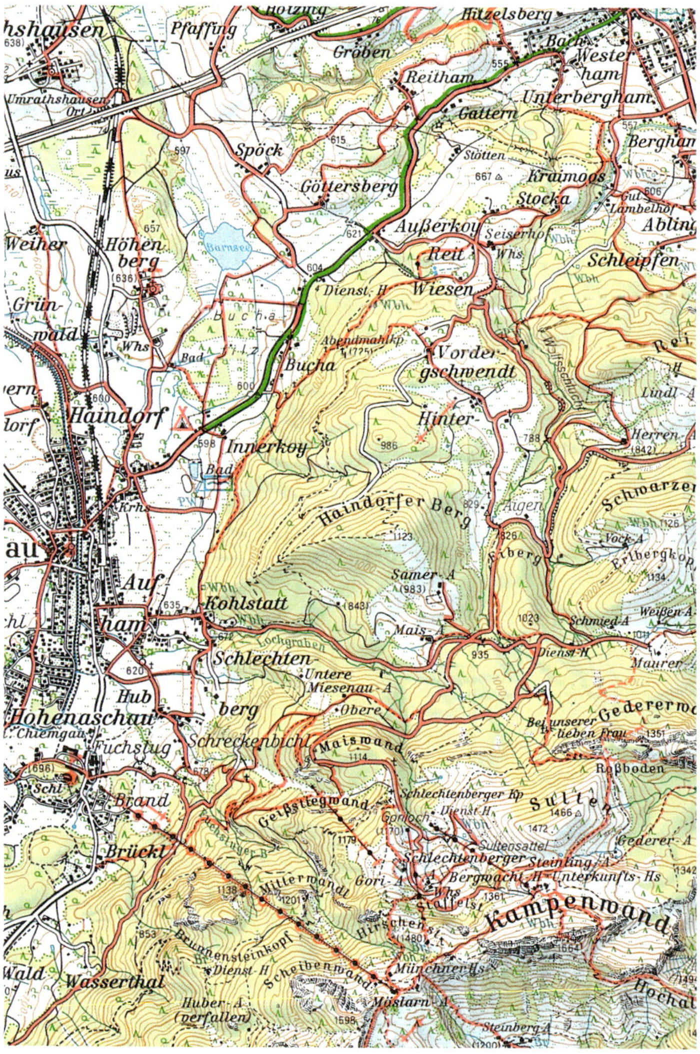

Kampenwand

Frühling
auf der Dalsenalm

Dalsenalm (1000 m) – Weitlahnerkopf (1615 m)

19

Eine Wanderung von Mühlau bei Schleching, im Tal der Tiroler Ache, über den Sattel der Dalsenalm nach Hainbach im Priental, oder umgekehrt, ist für Familien mit kleineren Kindern oder für nicht mehr so gehtüchtige Wanderer ein empfehlenswertes Erlebnis. Im Frühling, wenn der Schnee über tausend Meter hinaufschmilzt, oder auch im Herbst hat man oft Lust auf eine Halbtagestour. Dazu braucht man nur eine befreundete Familie, die ihr Auto auf der anderen Seite abstellt, weil es mit öffentlichen Verkehrsmitteln doch etwas umständlich ist, zum Ausgangspunkt zurückzukehren. Ansonsten gehen wir halt denselben Weg wieder zurück.

Von Hainbach herauf begleitet uns der Klausgrabenbach mit seinem hurtigen Geplätscher und von Mühlbach hören wir den Dalsenbach sein lustiges Lied rauschen.

Wem die Spritztour zur Dalsenalm zu wenig anstrengend ist, der kann den steilen Zickzackweg auf den Weitlahnerkopf hinaufsteigen. Die Aussicht ins Achental und auf die Kampenwand wird ihn belohnen.

Distelfalter

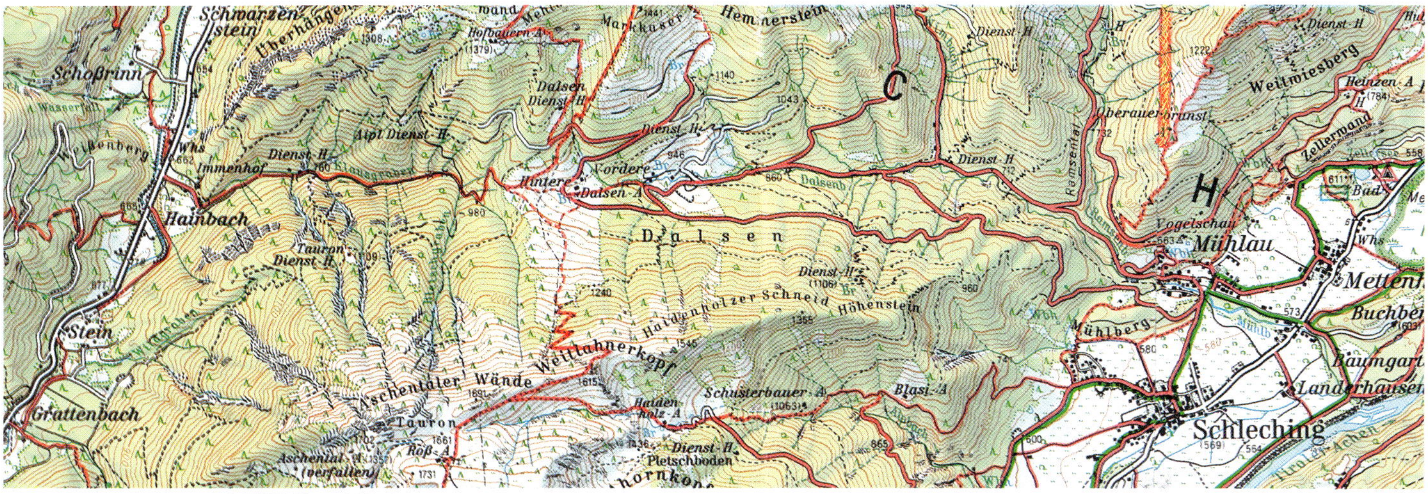

I. Talort:	**Schleching**	**II. Talort:**	**Hainbach im Priental**
Ausgangspunkt:	**Mühlau (600 m)**	**Ausgangspunkt:**	**Parkplatz an der Hauptstraße (663 m)**
Gehzeit:	**Dalsenalm 1 1/2 Stunden,** **Weitlahnerkopf 1 1/2 Stunden**	**Gehzeit:**	**Zur Dalsenalm 1 1/2 Stunden**

Buschwindröschen, Frühlingsboten im Laubwald

Dalsenbach

Geigelstein und
Breitenstein von Raiten aus gesehen

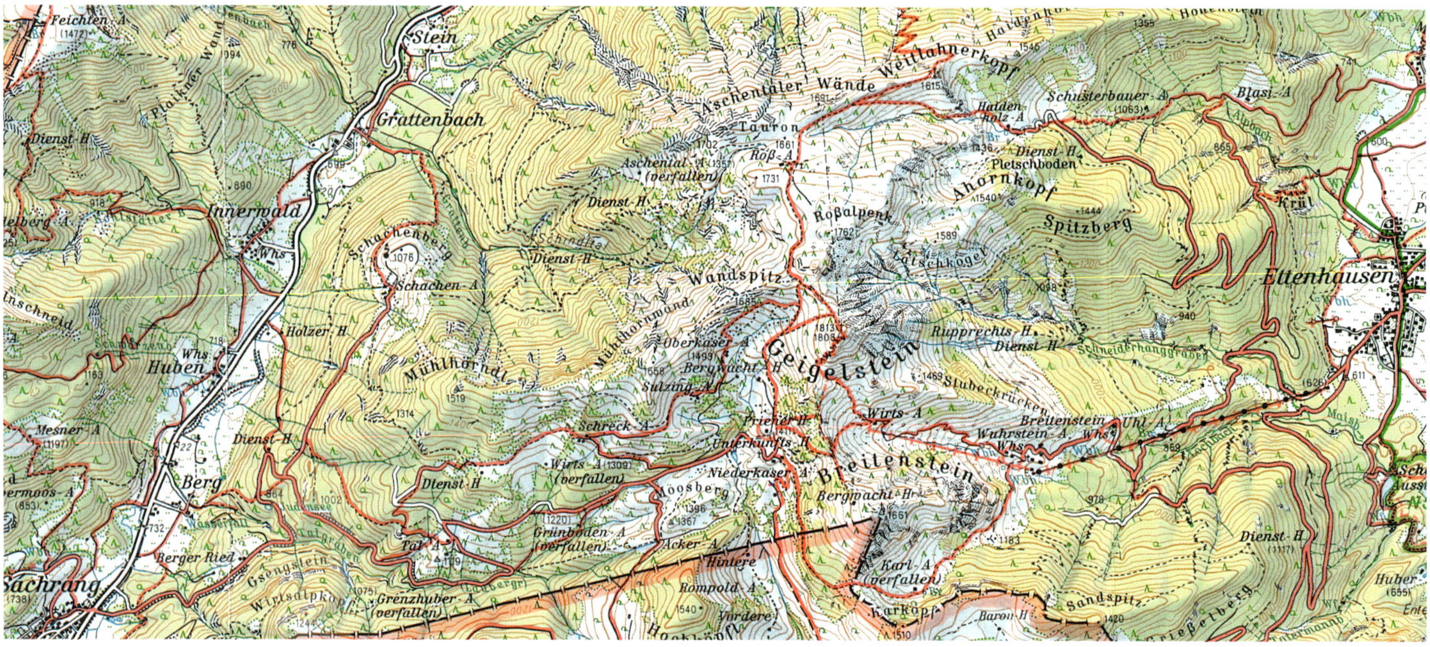

Heckenrosen

Geigelstein (1808 m)

20

Zwischen dem Achental und dem Priental türmt sich einer der höchsten Erhebungen im Chiemgau auf, der Geigelstein. Wenn ich nun sage, der Aufstieg von Schleching-Ettenhausen wäre der schönste, werden mir viele widersprechen. Da sind die Rosenheimer und die Münchner, die die Autobahn in Frasdorf verlassen und über Aschau nach Sachrang fahren und gleich von dort aufsteigen. Auch die vielen Freunde der ganzjährig bewirtschafteten Priener Hütte werden gegen mein Argument Protest einlegen. Zugegeben, die königliche Aussicht von der Terrasse hat mich schon bei so manchem Glas Weißbier entzückt.

Bis zur Priener Hütte bleiben wir, abgesehen von einem Abkürzer an der Talalm, auf der Fahrstraße. Nach der Priener Hütte kommen wir an einigen Almen vorbei und gehen rechts hinauf auf den Sattel zwischen Roßalpenkopf und der Pyramide des Geigelsteins. Dann gehts nach rechts zwischen Latschen hindurch zum Gipfel mit dem Kreuz und einer kleinen Kapelle.

Der Zackenkamm des Wilden Kaisers ist zwar zu hoch, um drüber zu sehen, aber links davon zeigen sich die Hohen Tauern und rechts die Zillertaler Gletscherberge.

I. Talort:	**Sachrang**
Ausgangspunkt:	**Parkplatz am nördlichen Ortsrand (738 m)**
Gehzeit:	**Priener Hütte 2 Stunden, Gipfel 1 1/2 Stunden**
II. Talort:	**Schleching**
Ausgangspunkt:	**Ettenhausen, Sesselbahn (626 m)**
Gehzeit:	**Ohne Sesselbahn 3 Stunden, mit Bahn 1 1/2 Stunden**

Nebenstehendes Bild:
Geigelstein mit der Sulzingalm

Aufstieg an der Schreckalm

Winterlicher Geigelstein von Westen

Gipfelblick nach Süden auf die Hohen Tauern und den Wilden Kaiser

Skitour Geigelstein von Ettenhausen (1808 m)

21

Von dieser Seite gewinnt man schneller an Höhe als drüben von Sachrang her. Dabei denke ich aber nicht an die Sesselbahn. Auch zu Fuß geht es von dieser Seite schneller, allerdings auch steiler.

Dieser Umstand lockt auch die Skitourengeher besonders an. Nimmt man den Sessellift zu Hilfe, schafft man die Skitour leicht an einem halben Tag. Dabei gebe ich allerdings zu bedenken, daß der größte Teil der Abfahrt, sagen wir von der Wirtsalm bis ins Tal, am Nachmittag bald im Schatten liegt. Man sollte also die Vormittagsstunden nützen. Vom Gipfel bis zur Wuhrsteinalm kann einem das Glück herrlichen Firn bescheren. Der untere Teil ist ohnehin Piste.

Der 1661 m hohe Breitenstein, südlich vom Geigelstein, ist ebenfalls von der Wuhrsteinalm aus zu ersteigen. Im Sommer ist er wesentlich ruhiger als sein großer Nachbar und im Winter kann es leicht sein, daß man ganz allein oben sitzt. Er ist auch ein interessanter Skiberg. Die steile Rinne, die nordöstlich vom Gipfel zur Wuhrsteinalm hinabführt, der sogenannte „Hirsch", ist nur bei absolut lawinensicherer Schneelage möglich. Normalerweise fährt man Richtung Norden ab, wo man mit der Geigelsteinabfahrt zusammenkommt.

Karte und Kurzbeschreibung siehe Geigelstein

Priener Hütte, auf dem Weg von Sachrang zum Geigelstein

Aussicht vom Geigelstein auf die
Loferer Steinberge und das Kössener Unterberghorn

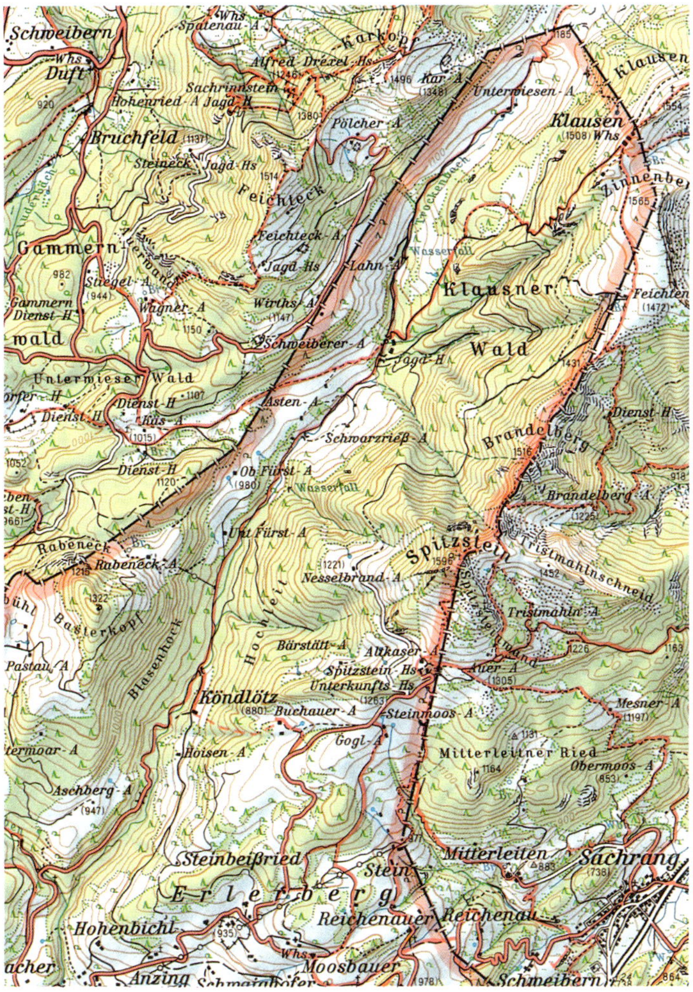

Spitzstein (1596 m)

22

Wer durch das Inntal anfährt, besteigt den Spitzstein wahrscheinlich von Erlerberg aus. Wenn man dort vom Auto aussteigt, hat man bereits eine Höhe von fast 1000 Meter erreicht. Die weiteren 600 Höhenmeter sind nicht besonders anstrengend. Bis zum Spitzsteinhaus folgen wir der Fahrstraße. Erst der Gipfelanstieg wird etwas steil.

Kommt man aber aus östlicher Richtung, fährt man mit dem Auto ins Priental. In Sachrang kann man hinter der Kirche noch etwa einen Kilometer bis Mitterleiten hochfahren. Allerdings gibt es dort sehr wenig Parkmöglichkeiten.

Dieser gekennzeichnete Weg bringt uns über die Steinmoosalm zum Spitzsteinhaus (1263 m).

I. Talort:	**Erl im Inntal (475 m)**
Ausgangspunkt:	**Erlerberg (935 m)**
Gehzeit:	**2 Stunden**
II. Talort:	**Sachrang (738 m)**
Ausgangspunkt:	**Mitterleiten (883 m)**
Gehzeit:	**2 1/2 Stunden**

Nebenstehendes Bild:
Spitzsteingipfel, über dem Inntal der Wendelstein mit dem Fernsehturm.

Spitzsteingipfel, Blick nach Osten.
Ganz links: Geigelstein; am Horizont die Kette der Berchtesgadener Alpen und der Loferer Steinberge.

Sachrang

Schloß Hohenaschau

Aschau mit Kampenwand

„Grüne Grenze“ unterhalb der Klausenhütte

Klausenhütte

Klausenberg (1554 m)

23

Der kürzeste Anstieg auf den Klausenberg beginnt in Hainbach im Priental. Ein schöner alter Almweg, der mehrere wasserführende Gräben überwindet, läßt uns schnell an Höhe gewinnen. Allerdings verläuft der Weg die ersten zwei Stunden im dichten Mischwald. Erst auf den Weiden der Baumgartenalm kommt man in die Sonne hinaus. Dann gehen wir am Grenzschild vorbei und wissen, daß wir im Ausland sind. Doch das Bier auf der „Klausen" ist bayrisch.

Etwas weiter, aber interessanter und landschaftlich abwechslungsreicher ist der Weg von Hammerbach bei Hohenaschau. Eine Parkmöglichkeit bietet sich bei der alten, verfallenen Hammerschmiede. Der Weg führt gleich rechts über den Bach und in den Wald hinein. Bis zur Ellandalm ist der Weg gut beschildert.

Zwischen Baumgarten- und Angereralm gehen wir über steile Wiesen hinauf und treffen mit dem von Hainbach heraufführenden Weg zusammen.

I. Talort:	**Hohenaschau**
Ausgangspunkt:	**Hammerbach bei der alten Hammerschmiede (690 m)**
Gehzeit:	**3 1/2–4 Stunden**
II. Talort:	**Hainbach**
Ausgangspunkt:	**Waldparkplatz rechts nach den Häusern (665 m)**
Gehzeit:	**3 Stunden**

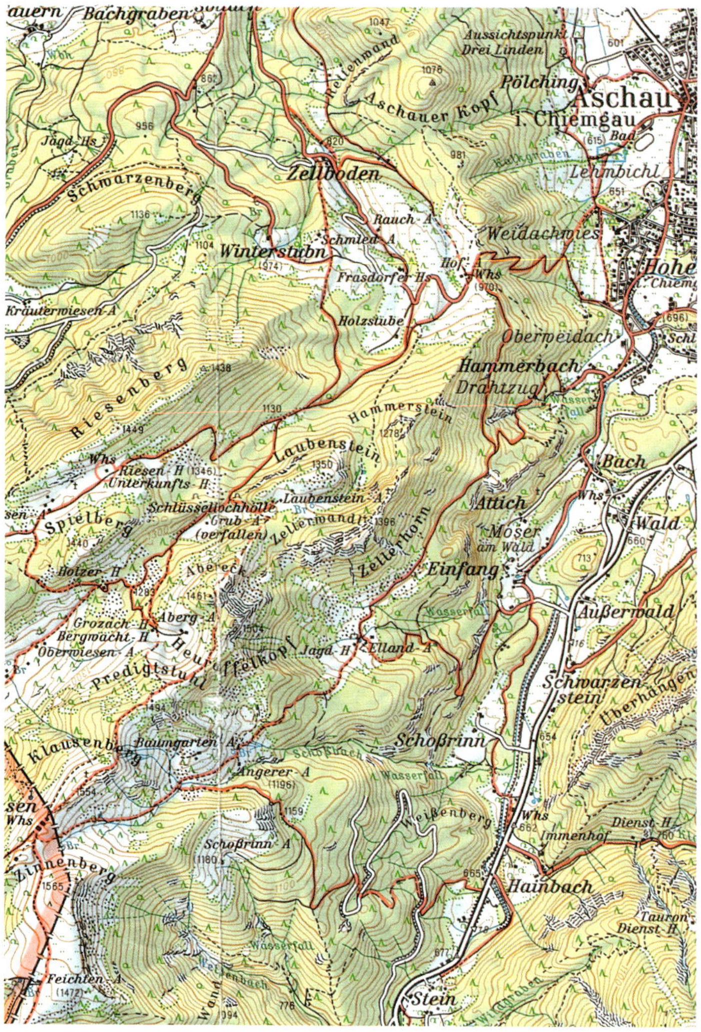

Unterhalb der Ellandalm sieht man auf Aschau und den Chiemsee hinab

Die grandiose Aussicht
vom Zinnenberg
auf den Wilden Kaiser

Hochries (1569 m)

24

Distelfalter

Schneerose

Die Hochries ist ein Hausberg der Rosenheimer. Der von West nach Ost nahezu fünf Kilometer lange Felswall ist keine besonders charakteristische Erhebung, doch im Panorama der Bergkette zwischen Inntal und Chiemsee nimmt sie einen festen Platz ein.

Durch den Bau der Seilbahn von Grainbach am Samerberg auf den Gipfel, hat man die Hochries auch in die Reihe der oft ziemlich überlaufenen Berge eingereiht. An schönen Wochenendtagen sucht man zur Freude des Hüttenwirts vergeblich nach einem Platz in der Gaststube des Gipfelhauses. Trotz dieser Umstände, die auf immer mehr Berge zutreffen, lohnt sich ein Besuch dieses prächtigen Aussichtsberges.

Am leichtesten findet man den Weg vom Parkplatz der Seilbahn am Ortsrand von Grainbach. In derselben Richtung wie der Sessellift verläuft, gehen wir auf einer Almstraße aufwärts. An der Mittelstation weist uns ein Schild nach rechts über die bewirtschaftete Moseralm hinauf zur Seitenalm und zum Gipfel.

Wenn wir aus östlicher Richtung anreisen, können wir von Frasdorf an der Autobahn zum Café Sagberg hinauffahren, um von dort über Zellboden zur Riesen-Hütte aufzusteigen. Von dort gehen wir noch 45 Minuten auf die Hochries.

I. Talort:	**Grainbach am Samerberg**
Ausgangspunkt:	**Parkplatz an der Hochriesbahn (700 m)**
Gehzeit:	**3 Stunden**
II. Talort:	**Frasdorf an der Autobahn**
Ausgangspunkt:	**Café Sagberg (ca. 800 m)**
Gehzeit:	**2½–3 Stunden**

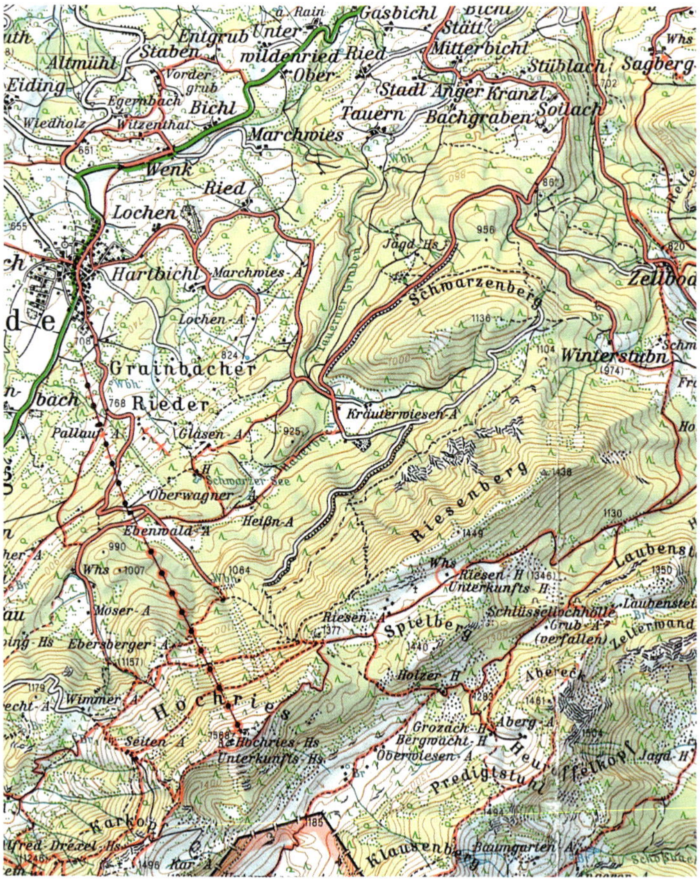

Die Hochries vom Samerberg aus; links vom Gipfel erkennt man die Seilbahnstation.

Grainbach am Samerberg mit dem Heuberg

Heuberg (1398 m)

25

Wer von Rosenheim durch das Inntal nach Süden fährt, wird von den eindrucksvollen Formen des sonst so kleinen Heubergs begeistert sein. Er hat wirklich für jeden etwas zu bieten. Familien mit Kindern im schulpflichtigen Alter, Radfahrern, Kletterern und Gleitschirmpiloten finden an ihm seine Freude.

Als freistehender Berg kann der Heuberg mit einer einmaligen Aussicht ins Inntal und auf die gegenüberstehende Wendelsteingruppe und auch weit hinaus ins Flachland mit der Stadt Rosenheim aufwarten.

Für Familien würde ich den Weg von Nußdorf über Kirchwald auf die Daffneralm und auf den Gipfel empfehlen. Am wenigsten Höhenunterschied hat man vom Duftbräu am Samerberg aus zu überwinden.

Wenn jemand steile Anstiege liebt, wird er von Nußdorf oder Überfilzen über die Bichleralm aufsteigen.

Der Gipfel des Heubergs ist eigentlich nur ein Grashügel. Doch da gibt es noch die Möglichkeit, auf die Wasserwand zu klettern, oder auf den 60 m höheren Kitzstein zu steigen und über seine 250 m senkrecht abfallende Hellwand hinabzuschauen auf die Höfe vom Buchberg.

I. Talort:	**Nußdorf am Inn**
Ausgangspunkt:	**Ortsmitte Parkplatz am Steinbach (487 m)**
Gehzeit:	**Über Kirchwald 3 Stunden, über Bichleralm 3 Stunden.**
II. Talort:	**Samerberg**
Ausgangspunkt:	**Duftbräu (800 m)**
Gehzeit:	**Über Langersleiten 2½ Stunden**

Die Mutigen fliegen ins Tal

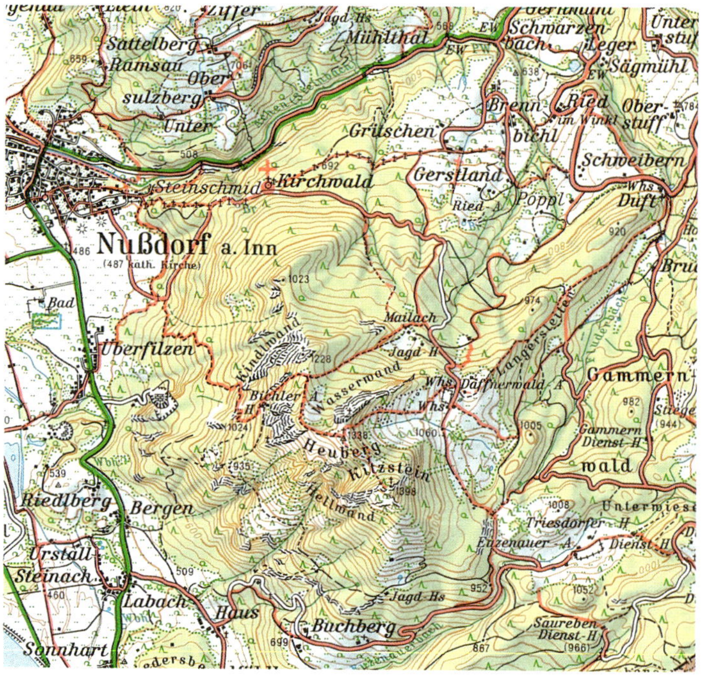

Blick vom Heuberg ins Inntal
mit Brannenburg und Wendelstein

Heuberg, Kranzhorn und
Kaisergebirge im Abendlicht

Flora

Die Kalkvoralpen, zu denen das hier beschriebene Gebiet gehört, wiesen einst eine unbeschreibliche Vielfalt an Blumen und bunten Sträuchern auf. Wenn auch manche Art nur noch vereinzelt oder gar nicht mehr vorkommt, wird der Wanderer für jeden Schweißtropfen, den er vergießen mag, reichlich belohnt werden. Dabei müssen es nicht immer seltene Besonderheiten sein. Margeriten am Wegrand und eine Wiese mit roten Lichtnelken erfreuen uns schon zu Beginn unseres Weges.

Wandern wir dann an einem der vielen Bächlein entlang, erfreuen uns schon sehr früh im Jahr ganze Kolonien von leuchtend gelben Dotterblumen. Auf feuchten Wiesen und an sumpfigen Waldrändern stehen vereinzelt unsere europäischen Orchideen, die auch als Knabenkraut in verschiedenen Arten anzutreffen sind. Wer viel Glück hat, erblickt im Schatten einer Buche im hohen Gras sogar ein weißes oder ein rotes Waldvögelein.

Im Frühsommer, etwa im Juni, blüht auf Almlichtungen die zartrosafarbige Mehlprimel. In größeren Höhen läßt sich die niedrige Zwergprimel schon gleich nach der Schneeschmelze sehen. Schrofen und schwer zugängliche Felswände sind im April und Mai mit einer Fülle gelber Blüten geschmückt. Wie große Schlüsselblumen sehen sie aus, die Gamsblumen, wie wir im Volksmund sagen. Felsprimel oder Aurikel ist ihr offizieller Name. Die dichten Rosetten ihrer dicken Blüten speichern im Sommer das lebenswichtige Wasser.

Man könnte ein ganzes Buch füllen, würde man sämtliche Blumenarten aufführen, die unsere Chiemgauer Berge schmücken. Doch besondere Freude macht uns der in der zweiten Junihälfte blühende Almrausch. Auch die vielen verschiedenen Enzianarten, vom gelben, roten bis zum blauen stengellosen Enzian, beglücken unser Auge und unser Gemüt. Bis in den Spätherbst hinein begleiten uns dann der bewimperte Herbstenzian und der langstielige Schwalbenwurzenzian.

Nicht wegzudenken aus den nördlichen Kalkalpen sind die Glockenblumen. Sie erscheinen ebenfalls in einer unbeschreiblichen Vielfalt. Da gibt es niederwüchsige, buschige, hohe und zottige Formen. Häufig sind sie blau, doch gibt es auch weiße oder gelbe.

Manche Wiesen, die im Frühsommer noch Schmelzwasser speichern, bringen die kugelförmigen Trollblumen in solcher Menge hervor, daß sie ganz und gar golden leuchten. In der Nähe dieser prächtigen Blüten, die zu den Hahnenfußgewächsen gehören, gedeiht auch die Berganemone. Diese Kombination findet man im Juni auf dem Dürrnbachhorn über der Winklmoosalm vor. Für den blauen stengellosen Enzian ist das Sonntagshorn ein besonderer Tip, sowie die Flächen der Dalsenalm zwischen Kampenwand und Geigelstein.

Nebenstehendes Bild:
Weidenröschen